호모
주리디쿠스

호모
주리디쿠스

정의로운 인간을 찾아서

손병석 지음

• 이 책은 박준구 기금의 저술 지원으로 출판되었습니다.

이 책은 실로 꿰매어 제본하는 정통적인 사철 방식으로 만들어졌습니다.
사철 방식으로 제본된 책은 오랫동안 보관해도 손상되지 않습니다

들어가는 글

　서양에서 정의(正義)에 해당하는 최초의 말은 고대 희랍어 디케 dikē다. 그래서 정의의 여신을 디케Dikē라고 부른다. 디케라는 말은 동사 dichazō에서 파생했으며, 이 말은 〈둘로 나누다〉라는 의미를 갖는다. 여기서 정의라는 말이 본래 몫의 균등한 분배나 나눔과 밀접한 관계를 갖는 개념임을 알 수 있다. 그러나 어떻게 나누는 것이 공정함fairness과 공평함equality이 실현된 정의로운 분배인지는 결코 간단치 않은 문제다. 디케 여신의 두 눈을 가린 것도 바로 이러한 공평무사함을 실현하기 위한 상징적 의미로 이해할 수 있다.

　정의의 개념은 무엇보다 타자 관계적other-related인 특성을 지닌다. 그렇기 때문에 기본적으로 사회나 정치 공동체의 규제적 질서 원리의 관점에서 이해할 필요가 있다. 일찍이 플라톤이 『국가 Politeia』의 부제를 〈정의에 대하여peri dikaiou〉로 명명한 것도 실은 인간 공동체의 존립 기반이 바로 정의의 실현 여부에 있음을 단적으로 웅변해 준다. 인간 사회에 정의가 존재하게 되면 인간은 가장 훌륭한 동물이 되지만, 정의가 부재하면 가장 사악한 짐승으로 전락할 수 있기 때문이다.

그러면 정의가 탄생할 수밖에 없는 인간의 실존적 조건은 무엇인가? 이 물음에 대해 흄David Hume은, 만약 인간에게 무한한 재화가 주어져 있거나 인간의 본성이 이타적이라면 정의가 요구되지 않을 수 있다고 진단한다. 누구나 원하는 것을 가질 수 있을 정도로 충분한 재화가 존재한다면 서로 간에 다툴 이유가 없다. 또 재화가 한정되어 있더라도 인간이 자신의 이기성을 충족시키기보다 타인을 먼저 생각하는 이타심을 발휘한다면 이 역시 싸울 필요가 없을 것이다. 그러나 재화는 무한하지 않으며, 인간 역사가 보여 주는 것처럼 인간의 본성 역시 이타적이기보다는 이기적인 면이 많아 보인다. 이처럼 정의는 제한된 자연적 환경과 재화나 생명 보존에 대한 인간의 과도한 욕망에서 비롯했다. 인간이 짐승과 같은 야만인의 단계로 전락하지 않기 위해 인류가 창안해 낸 가장 유용한 도구이자 인간이 되기being humans 위한 최소 도덕인 것이다.

이 책에 소개된 내용들은 10년 넘게 몸담고 있는 대학의 핵심교양 분야의 〈정의론〉 강좌에서 강의한 내용의 일부다. 강의에서 학생들이 가장 흥미를 갖고 토론에 적극적으로 참여한 주제가 아닌가 싶다. 실상 이 책에 소개되는 주제들과 관련된 결론은 어렵지 않게 알 수 있다. 거짓말을 하는 것은 나쁜 행위이며, 부정의한 명령에 대한 맹목적 복종이 잘못된 태도라는 것은 누구나 알 수 있기 때문이다. 그러나 거짓말이 오히려 참말보다 다수의 생명이나 공동선에 기여할 수 있는 정의로운 말이 될 경우에 그러한 유형의 거짓말을 예외적인 것으로 인정할지에 대한 판단은 간단한 문제가 아니다. 마찬가지로 전체주의 국가하의 한 시민이 독재자의 명령에 복종한 행위에 대해 그 책임을 어디까지 물을 것인지는 인간의 내면적인 동기나 외적인 실존적 조건 등을 고려할 때 답하기가 녹록치 않다.

나는 이러한 원론적이며 원칙적인 도덕 규칙 내지 이론이 구체적인 사례에 적용되었을 때에도 견고하면서도 일관성 있게 적용되어 채택될 수 있는지를 수업 시간에 학생들과 함께 생각하며, 그 답을 찾고자 노력했다. 학생들에게 사건 속의 해당 인물의 행위가 정당화될 수 있는지를 묻고, 학생들이 답을 제시하면 다시 그 근거를 묻고 그와 상반된 사례를 제시했다. 일종의 소크라테스적인 문답법을 활용하여 학생들을 지적인 당혹 상태로 이끈 것이다. 처음에 학생들은 답변하기를 주저했지만, 인내심을 갖고 기다리자 누군가 말하기 시작했고, 그것이 도화선이 되어 다른 학생들도 적극적으로 자신의 생각을 피력하기 시작했다. 여기에 소개된 주제들은 다양한 관련 텍스트와 참고 자료에 대한 이해를 통해 쓴 것이지만, 실상 강의에 참여한 학생들의 참신하면서도 예리한 질문과 답변이 공히 반영되었다. 이 자리를 빌려 토론과 논쟁에 열정적으로 참여해 준 학생들에게 고마운 마음을 전한다.

나는 이 책을 대학 교양서로서 학생들과 일반인들이 친근하게 접근하고 쉽게 이해할 수 있도록 쓰고자 했다. 이미 시중에 정의론에 관한 서적들이 여러 권 나온 것으로 알고 있지만, 그럼에도 이 책만의 특징을 말한다면 다음과 같다.

첫째, 구체적인 상황에서 구체적인 인간의 선택과 행위에 주목했다는 점이다. 평등이나 자유 또는 분배와 같은 거시적 관점에서 접근하기보다는 미시적 관점에서 개별적인 행위의 옳고 그름에 초점을 맞추어 정의론을 다루었다. 정의의 문제는 단순히 이론적인 문제를 넘어 구체적인 현실의 문제다. 이 때문에 정의에 대한 온전한 이해는 구체적인 상황에서 개별적인 인간의 선택과 행위에 대한 검토와 숙고를 통해야만 그 현실적·인간적 의미를 파악할 가능성이 높아진다. 이 책에선 이러한 목표에 부합할 수 있는 다양한 사례를 소개하고자 했고, 그 선택 기준은 실제 사건이나 가설적 상황에서 특정 인물이 어떻게 판단하고 행동했는지에 두었다. 개별적 사례를 통해 보편적인 정의론에 대한 이해를 높이려는 귀납적 접근 방식이다. 생과 사가 갈리는 극단적인 상황을 제시하고 〈어떻게 행위하는 것이 올바른 것인가〉 하는 물음을 던져 한 인간을 평가하는 것이다. 본문에서 다루는 윌리엄 브라운호의 침몰 상황과 승무원 홈스의 경우, 동굴 안에서 일어난 로저 웻모어 살인 사건, 그리고 다수의 인질을 구할 것인가 아니면 자신의 도덕적 신념과 원칙을 선택할 것인가의 기로에 서 있는 짐의 경우가 이러한 예에 해당한다.

두 번째는 개개의 주제가 함의하는 현실적 의미 내지 현재적 적실성을 생각하고자 했다. 이 책에서 소개하는 다양한 인물들의 선택과 행위는 단순히 과거의 역사 속에서만 또는 가상적으로 꾸며진 비현실적인 공간에서만 의미를 갖는 것이 아니다. 구체적인 상황에서 선택을 내려야 하는 주인공들이 어떻게 행위하는 것이 올바른 것인가에 대한 고민은 곧 우리가 그러한 상황에서 어떻게 해야 하는지에 대한 사고를 자극한다. 그리고 그들의 선택과 행위가 시사하는 현재적 의미를 정치·사회적 관점에서 생각해 보고자 했다. 효와 정의의 우선성 문제나 정의로운 거짓말의 예외성 인정 문제, 또는 아이히만 재판에 나타난 복종의 문제가 여기에 해당한다.

마지막으로 사건 속 주인공의 선택과 행위에 대한 평가를 통해 해당 인물을 정의로운 인간으로 자리매김할 수 있는지를 제시하고자 했다. 이와 관련하여 우리나라에서 정의에 대한 관심을 촉발시킨 마이클 샌델 교수의 『정의란 무엇인가』를 간단하게 비교하여 이야기해 보겠다.

내가 하버드 대학교 방문교수(2009~2010)로 있을 때, 그의 책 『정의란 무엇인가』의 초고를 발표하는 것을 들을 기회가 있었다. 샌델 교수는 특히 아리스토텔레스의 목적론적 정의론에 초점을 맞추어 발표를 했고, 청중들로부터 그의 아리스토텔레스의 텔로스telos, 즉 목적 개념에 부정확한 이해나 왜곡이 있다는 지적이 있었다. 그는 차분하게 본인이 아리스토텔레스 전공자가 아니기 때문에 아리스토텔레스의 텔로스 개념에 대한 천착된 철학적 규명이 충분치 않음을 인정했다. 그러면서도 이 개념을 정치 공동체가 추구하는 공동선의 제한된 틀 속에서 보아 달라고 답변했다. 발표가 끝나고 샌델 교수와 간단히 인사를 나누었고, 한국에서 온 학자를 친절하게 환영해 주었던 것이 인상적이었다.

이후에 샌델 교수의 『정의란 무엇인가』가 우리말로 번역되었고 인문서로서는 좀처럼 보기 힘든 대형 베스트셀러가 되었다. 내가 개설한 「정의론과 시민윤리」 강의를 듣는 학생들 중 적지 않은 수가 그의 책을 읽고 정의론에 관심을 갖게 되어 신청했다는 얘길 듣고 이 책의 영향력을 실감할 수 있었다.

이미 번역본이 나오기 전에 샌델 교수의 정의론을 파악하고 있었던 나는 그의 책과 강연이 한국에서 큰 반향을 불러일으키는 것을 보고 내심 기쁘고 놀라웠다.[1] 내가 놀랐던 이유는 그 책이 전문가에게도 내용 이해가 용이하지 않고 친절한 해답을 제시하지 않은 열린 결말임에도 대중에게 큰 반향을 일으켰기 때문이다. 이점에서 나의 정의론에 관한 접근 방식은 샌델 교수의 것과 다르다. 나는 이 책에서 각 인물에 대한 평가를 독자들에게만 열어 놓지 않고, 어느 정도 방향성을 제시하고자 했다. 그래서 각각의 주제와 관련하여 묻고 답하는 계속적인 과정을 통해 독자로 하여금 〈이런 상황에서는 이렇게 하는 것이 올바르구나〉 하는 결론에 이를 수 있도록 안내했다.

나는 우리 사회의 많은 시민들이 정의에 대한 지적 관심이 상당히 높다고 생각한다. 또 좀 더 정의로운 인간이 되고 싶어 하고, 우리 사회가 좀 더 정의로운 사회가 되었으면 하는 실천적 열망도 강하다고 생각한다. 내가 이 책을 쓴 주된 이유도 여기에 있다. 이책이 부디 우리 사회의 이러한 정의에 대한 관심과 열정에 조금이나마 보탬이 되었으면 하는 바람이다.

이 책이 나올 수 있도록 도움을 주신 모든 분들께 감사드린다. 특히 고려대학교 문과대학 인문논총의 일환으로 출판이 이루어질 수 있도록 연구비를 지원해 주신 박준구 교우님께 감사드린다. 아울러 문과대학 이재훈 학장님과 강제훈, 정병호 부학장님께도 감사드린다. 어려운 사정에도 출판을 흔쾌히 수락해 주신 열린책들의 홍지웅 사장님과 안성열 주간님 그리고 김태권 인문학 담당자님께도 감사드린다. 무엇보다 원고를 검토하고 조언해 준 대학원생 장세익, 오현석, 박용준 그리고 강민정 씨에게 고마움을 표하고 싶다. 또 항상 곁에서 든든하게 지원해 준 가족들에게 고마움을 전한다.

　마지막으로 내 마음속의 영원한 스승이며 평생을 올곧게 걸으며 살다 가신 권창은 선생님께 이 책을 바친다.

2016년 2월

손병석

차례

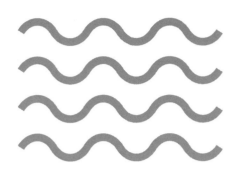

제1부
생과 사의 갈림길,
어느 것이 정의로운 선택인가?

윌리엄 브라운호 침몰과 승무원 홈스

2014년 4월 16일에 일어난 세월호 침몰 사고는 탑승객 476명 가운데 172명만이 구조되고, 300여 명이 넘는 사망·실종자가 발생한 대형 참사였다. 대한민국의 시민들이 세월호 사고 뉴스를 들은 후 느낀 첫 감정은 아마도 슬픔과 안타까움이었을 것이다. 특히 희생자들 중 상당수가 어린 고등학생이었다는 점에서 그 슬픔은 더욱 클 수밖에 없었다. 실제로 안산 단원고등학교 학생 250명이 수학여행 중에 희생되었다. 그러나 슬픔 다음으로 우리 모두를 휘감은 감정은 분노였다. 그것은 세월호 선장을 비롯한 여러 승무원이 기본적인 구조원칙을 따르지 않고 자신들만의 생존을 우선시하여 승객들을 그대로 방치한 채 탈출한 믿기지 않는 일이 벌어졌기 때문이다. 배의 안전과 승객의 생명을 가장 우선시해야 할 선장과 승무원들이 어린 학생들의 목숨을 거들떠보지도 않고 자신들만 살겠다고 먼저 탈출한 것이다.

이렇듯 슬픔과 분노가 교차하는 가운데서 이 사건은 대한민국 시민 모두에게 큰 교훈을 심어 주었다. 그것은 생과 사가 갈리는 혼돈의 상황에서도 배와 항해에서 따라야 할 기본적인 원리원칙이 준수돼야 한다는 것이다. 죽음이 임박한 침몰의 상황에서 인간은 각자의 생존 본능이 강하게 작동하기 마련이다. 그러나 그러한 동물적 생존 욕구에도 불구하고 극한 상황에서 무엇이 올바른 것인가도 생각할 줄 알아야 진정 인간이라고 할 수 있다.

스코틀랜드의 작가 새뮤얼 스마일스Samuel Smiles는 그의 『자조론Self-Help』에서 19세기에 일어난 버큰헤드Birkenhead호 침몰 시 라이트 대위Captain Wright와 그 병사들이 보여준 영웅적인 행위를 통해 극단적인 상황에서도 인간이 정의와 원칙을 지킬 수 있음을 강조했다.[2] 이 책에 따르면 버큰헤드호에는 군인 472명과 부녀자와 아이 162명이 함께 타고 있었는데, 부녀자와 아이만 보트로 옮겨 타고 병사 승무원들은 배와 함께 장렬한 최후를 맞았다. 병사 승무원들도 보트에 탈 수 있었지만, 그렇게 되면 보트가 하중을 견디지 못하고 가라앉게 되어 부녀자와 아이들이 위험해질 수 있었다. 이 때문에 자신들의 운명을 배와 함께함으로써 선장과 승무원으로서의 의무를 충실하게 실천한 것이다. 〈여성과 아이 먼저〉라는 해양 재난 구조의 제1원칙 버큰헤드 지침Birkenhead drill이 여기서 비롯되었다.

버큰헤드호에서의 라이트 대위나 그 병사들처럼 세월호에서도 인간성을 포기하지 않은 의로운 사람들이 있었음을 우리는 알고 있다. 촌각을 다투는 위기의 상황에서도 어린 학생들을 구하고자 혼신의 노력을 기울인 승무원과 교사가 그들이다. 이들은 가라앉는 배 안에서 학생과 승객들을 구하다가 차가운 바다의 불청객이 되었다. 생사를 오가는 극한 상황에서도 정의로운 인간이 되기를 포기하지 않은 영웅들인 것이다. 세월호 사건은 우리에게 누가 정의로운 인간이고, 또 반대로 누가 부정의한 인간인지를 적나라하게 드러내 주었으며, 도덕적인 인간이란 어떠해야 되는지를 알게 해준 비극적 사건이었다.

이제부터 정의로운 인간에 대한 숙고를 진척시키기 위해 윌리엄 브라운William Brown호의 침몰에 얽힌 승객과 승무원들의 생존담을 소개할까 한다. 이 이야기는 죽음에 대한 공포와 두려움이 엄습하는 망망대해에서 누군가는 구명보트 밖으로 내던져져 상어밥이 되거나 차가운 바다의 불청객이 되어야만 하는 상황에서 벌어지는 이야기다. 제한된 인원만이 구명보트에 오를 수 있는 상황에서 누구를 남기고 누구를 밖으로 내보내는 것이 올바른 선택인지가 중대한 문제가 된다. 특히 윌리엄 브라운호의 승무원이었던 홈스Holmes라는 인물에 초점을 맞추어 그의 행위에 대한 평가를 시도할 것이다. 홈스의 행위를 부정의한 것으로 판결할 수 있는지, 아니면 그는 보다 많은 생명을 구한 정의로운 인물인지 논의를 진행할 것이다. 사건의 전말을 간단하게 설명하면 다음과 같다.[3]

사건의 전말

1841년 4월 19일 밤 10시, 영국 리버풀에서 미국 필라델피아로 향하는 윌리엄 브라운호가 북대서양 차가운 바다에서 빙산과 충돌했다. 배에는 65명의 승객과 17명의 승무원이 타고 있었다. 윌리엄 브라운호에는 두 개의 구명보트가 실려 있었다. 하나는 10명을 태울 수 있는 소형 보트였고, 다른 하나는 24명이 승선할 수 있는 대형 보트였다. 소형 보트에는 선장과 2등 항해사, 6명의 승무원과 2명의 승객(여자 1명과 아이 1명) 총 10명이 탔다. 24명이 탈 수 있는 대형 보트에는 1등 항해사와 8명의 승무원 그리고 32명의 승객이 탔고, 이것은 정원을 훨씬 초과하는 인원이었다. 윌리엄 브라운호는 충돌 한 시간 반 만에 가라앉았고 보트에 타지 못하고 배 안에 남아 있던 승객 31명 모두는 익사했다. 그러면 두 개의 구명보트에 나눠 탄 승객과 승무원은 과연 어떻게 됐을까? 결론부터 말하면 소형 보트에 탄 사람들은 6일간 밤낮으로 표류하다가 지나가는 배에 발견되어 구조되었고, 대형 보트의 사람들도 다른 배에 의해 구조되었다. 그러나 대형 보트에 탔던 사람들 모두가 구조된 것은 아니었다. 대형 보트에 탔던 41명 중 14명의 승객이 구조되기 전에 바다에 빠져 죽었기 때문이다. 어떻게 이런 비극적인 일이 발생했을까?

10명의 정원을 태운 소형 보트는 선장의 통제 아래 큰 문제가 없었던 것으로 보인다. 그러나 문제는 대형 보트였다. 보트 바닥에 몇 개의 구멍이 뚫려 배 안으로 물이 흘러들어 오고 있었고, 노역시 부러진 상태였다. 무엇보다 정원 초과로 보트의 뱃전이 수면에 거의 닿을 정도로 위험한 상태였다. 이대론 보트가 무게를 이기지 못하고 몇 시간 내로 가라앉을 것만 같았다. 그래서 대형 구명보트를 책임지고 있던 1등 항해사는 소형 보트에 타고 있던 선장에게 배가 가라앉지 않기 위해선 〈제비를 뽑아 몇 사람을 보트 밖으로 내보내는 것이 필요할 것 같다〉고 보고했다. 선장은 〈나는 자네가 무엇을 해야만 하는지를 알고 있을 것으로 생각하네 (……) 그러나 지금 당장 그것을 시행하지는 말고 마지막 수단으로 사용하게〉라고 응답했다. 그 대화를 마지막으로 두 보트는 헤어졌다.

시간이 지나면서 날씨는 나빠졌고 대형 보트 안의 사람들은 보트 안의 물을 퍼내느라 사투를 벌였다. 하지만 제대로 먹지도 못한 사람들이 무작정 계속해서 물을 퍼낸다는 것은 사실상 불가능한 일이었다. 빙하와 충돌한 후 24시간이 지났다. 밤 10시가 되었을 때, 비가 내리기 시작했고 바람 역시 강해졌다. 보트 주위에는 도처에 빙산에서 떨어진 얼음 조각이 떠다니고 있었다. 상당한 양의 물이 배 안에 차기 시작했고, 그로 인해 배는 점차 가라앉기 시작했다. 몇 시간 동안 배 안의 물을 퍼내고 있었던 1등 항해사는 물 퍼내기를 포기하고 승무원들에게 명령했다. 「이 일은 더 이상 효과가 없다. 보트가 가라앉고 있다. 승무원들이여, 제군들은 그 일을 시작하게 (……) 신이시여 불쌍한 영혼들에게 자비를 베푸소서!」 승객 중 몇 명은 울기 시작했다. 처음에 승무원들은 항해사의 명령에 응하지 않았다. 그러자 곧바로 항해사가 승무원들에게 강하게 소리쳤다. 「제군들, 어서 일을 시작하게. 그러지 않으면 우리 모두가 죽어!」 이번에는 승무원인 홈스가 먼저 일어나 승객들을 배 밖으로 던지기 시작했다. 다른 승무원들도 홈스와 합류해 승객들을 바다로 던졌다. 12명의 남자 승객이 보트 밖으로 던져졌다.[4]

승무원 홈스에 대한 살인죄 기소

 1년 후인 1842년, 필라델피아 법정에서 윌리엄 브라운호 침몰에 대한 재판이 열렸다. 그런데 이 법정에서 살인죄로 기소된 유일한 사람은 선장도 아니었고 1등 항해사도 아니었다. 바로 평범한 승무원 알렉산더 윌리엄 홈스였다. 홈스는 핀란드에서 태어나 젊었을 때부터 줄곧 승무원 생활을 해온 26살의 청년이었다. 그는 윌리엄 브라운호가 침몰하고 있을 때 끝까지 배에 남아 승객들을 구명보트에 탈 수 있도록 도운 영웅이었다. 그가 도와주지 않았다면 더 많은 승객들이 익사했을지도 몰랐다. 대형 보트에 있을 때에도 그는 셔츠와 바지를 제외하곤 자신의 나머지 옷을 모두 벗어 추위에 떨고 있는 한 여성에게 준 유일한 승무원이었다. 지나가던 배를 발견하고 대형 보트를 구조하게 만든 것도 그의 기지와 헌신적인 노력 때문에 가능했다. 재판정에서 윌리엄 브라운호의 선장은 홈스가 〈항상 상관에게 복종했고, 배에서 그는 단연 최고의 승무원이었다〉고 증언했다. 그런데 어떻게 홈스가 필라델피아 법정에 서게 됐을까? 과연 그에 대한 살인죄는 올바른 기소로 볼 수 있을까?

 법정 기록 보고서에 따르면, 앞서 1등 항해사의 명령 이외에 누구를 배 밖으로 던져야 하는지에 대한 지침은 주어지지 않았다. 항해사가 승무원들에게 내린 명령은 〈부부와 여성은 물속으로 던지지 말라〉는 것이 전부였다. 이 명령은 항해사가 이전에 선장에게 제안한바, 즉 마지막 수단으로 제비뽑기를 통해 보트 밖으로 던지는 것이 필요할 것 같다는 제안과는 다른 것이었다. 여하튼 항해사의 명령에 따라 일이 진행된 결과, 부인과 함께 있던 두 남자와 어린 한 소년을 제외한 모든 독신 남자들이 바다로 던져졌다.

우리는 항해사의 명령에 따라 승객들을 배 밖으로 던진 승무원 홈스의 행위를 어떻게 평가해야 할까? 과연 그의 행위는 망망대해에서 모두의 비극적인 죽음을 막기 위한 불가피한 선택으로 볼 수 있을까? 무엇보다 항해사의 명령에 복종한 홈스를 승객들을 죽인 살인범으로 기소한 것에는 정당성이 있을까? 이제 법정 배심원단의 최종 판결이 내려지기 전에 홈스의 행위에 대한 정당성 여부를 다양한 각도에서 검토해 보고자 한다. 홈스의 행위가 정말로 부정의한 행위였는지, 그래서 그를 부정의한 인간으로 규정할 수 있는지 말이다. 또는 가라앉고 있는 보트 안에서 정의로운 인간이 되기 위한 선택과 결정이 어떻게 내려졌어야 하는지도 생각해 보도록 하자.

홈스의 행위는 정당화될 수 있는가?

대형 구명보트에서 생과 사를 가르는 원리로 채택된 것은 〈부부와 여성은 남게 하라〉는 것이었다. 그런데 승무원들 모두가 생존자들에 포함되어 있었기 때문에 실질적으로 채택된 선택원리the selection principle는 〈부부와 여성 그리고 승무원들만 보트 안에 남게 하는 것〉이라고 말할 수 있다(이하 선택원리). 이 선택원리

자체가 얼마만큼 정당성을 확보할 수 있는 원리인지는 추후 검토하기로 하고, 일단은 법정에서 살인죄로 기소된 홈스의 행위가 정당화될 수 있는지를 우선적으로 살펴보기로 하자.

먼저 홈스의 행위를 변호할 수 있는 중요한 근거는 그가 상관인 항해사의 명령에 따라 행위했다는 것이다. 군대에서 상관의 명령에 따르는 것이 부하의 의무인 것처럼 항해라는 특수한 상황에서 항해사의 명령과 지시는 모든 승무원이 따라야만 하는 의무 사항이다. 그렇다면 홈스에게 〈부부와 여성을 남기고 다른 사람들은 보트 밖으로 던지라〉는 선택원리는 상명하복의 원칙에 따라 복종해야 될 의무로 볼 수 있다. 설사 승객들을 보트 밖으로 던진 행위 자체가 정의롭지 못하더라도 그것은 명령을 내린 항해사에게 그 책임이 귀속돼야 할 것이다. 홈스가 타고 있던 대형 보트에서 최고 책임자는 1등 항해사였고, 그는 승무원들에게 〈모두 가서 실행해라. 그렇지 않으면 모두 죽게 될 것이다〉라고 명령했기 때문이다.

그러나 승무원의 의무가 상관의 명령에 대한 복종에만 있는 것일까? 여기서 조금 더 생각해 봐야 할 점은 삶과 죽음의 기로에서 항해사의 명령이 궁극적으로 추구한 바가 무엇이었는가 하는 것이다. 그것은 배와 승객들의 안전과 보호에 있다고 말할 수 있다. 홈스가 좀 더 생각이 있는 승무원이었다면 한 번쯤 항해사의 명령이 정말로 승객의 생명을 구할 수 있는 최선의 선택원리였는지 숙고해 봤어야 했다. 홈스는 과연 항해사의 명령에 맹목적인 복종만 한 것일까, 아니면 심사숙고하여 판단한 후 행동한 것일까? 이 물음은 사실상 중요한데, 그것은 최악의 결과를 초래할 수 있는 비합리적이며 올바르지 못한 명령이 분명하다는 걸 인지하고도 그것을 따랐을 경우, 맹목적인 복종으로 인한 결과적 책임에서 자유로울 수 없기 때문이다. 여기서 곧 도덕적 책임의 문제가 발생한다.

이와 관련하여 1834년 메리맥Merrimack호에서 일어났던 일을 소개하는 것이 도움이 될 것 같다. 메리맥호는 보스턴에서 리우데자네이루를 향해 출항하던 중 배에 물이 새기 시작하여 위험에 처했다. 며칠 뒤에는 강풍을 만나 상황이 점점 더 악화되었다. 선원들은 다시 항구로 돌아갈 것을 주장했으나 선장은 선원들의 말을 듣지 않고 항해를 계속했다. 그러자 선원들이 항해를 거부했고, 선장도 어쩔 수 없이 돌아가는 수밖에 없었다. 귀환 뒤, 메리맥호의 선원들은 반란죄로 기소되었다. 그러나 법원은 당시의 상황이 요구하는 필요성의 원칙을 고려하여 선원들에게 무죄 판결을 내렸다. 갑작스런 기상 악화로 배가 더 이상 항해하는 것이 무리가 될 수 있고, 그래서 선원들이 자신들의 생명에 심각한 위험이 다가온다고 합리적으로 판단한 것으로 봤기 때문이다.[5]

자, 다시 홈스가 타고 있던 백척간두에 놓인 구명보트로 돌아가 보자. 앞서 언급한 메리멕호 선원들처럼 홈스 역시 항해사의 선택 원리에 나름대로 합리적인 판단을 시도한 걸까? 아니면 상관이 시키는 대로 맹목적인 복종만 한 걸까? 만약 홈스가 선택원리에 대한 추호의 의심 없이 무자비하게 승객들을 보트 밖으로 던졌다면, 홈스의 행위 역시 그 책임으로부터 자유로울 수 없을 것이다. 그런데 메리맥호의 선원들과 홈스 사이에는 무시할 수 없는 중요한 차이가 있다. 그것은 홈스가 타고 있던 구명보트의 상황이 메리맥호의 선원들이 처한 상황보다 훨씬 안 좋았다는 것이다. 메리맥호의 경우 배 안의 정원 제한 문제로 누군가가 불가피하게 배 밖으로 던져져야 하는 상황이 아니었다. 그러나 홈스가 타고 있는 구명보트의 경우 악화된 기상 조건, 흘러들어온 물, 정원 초과 문제로 곧 가라앉을 태세였다. 불가피하게 누군가는 보트 밖으로 나가야 하는 상황이었다.

그렇다면 촌각을 다투는 극한 상황에서 홈스는 항해사의 명령이 옳고 그른지 숙고할 수 있는 시간적 여유가 있었을까? 아마도 홈스에게 항해사가 내린 선택원리보다 더 나은 방안이 있었다면 항해사에게 역제안을 할 수도 있었을 것이다. 결과로 비추어 보건대 홈스 역시 1등 항해사가 그런 것처럼 더 나은 선택원리를 생각해 내지 못한 것 같다. 설령 더 나은 선택원리가 있더라도 그것을 선택할 수 있는 현실적 상황이었는지도 고려해야 할 것이다. 홈스의 경우를 메리맥호 선원들의 명령 거부 행위와 동일선상에 놓고 평가하는 것은 아무래도 무리가 있어 보인다(그럼에도 항해사의 명령이 합법적이었는지 또는 설득력이 있었는지는 평가의 대상이 될 수 있을 것이다). 상관의 명령에 복종한 홈스에 대해 그의 숙고하지 않음과 반성적 판단의 부재를 들어 부정의한 자로 평가하는 것은 비현실적으로 보인다.

아마도 이런 요소들을 고려해 본다면, 홈스의 행위를 살인죄로 기소할 수 있는지는 좀 더 신중한 접근이 필요할 것 같다. 물론 12명의 승객들을 강제로 바다에 던져 물귀신으로 만든 건 부정할 수 없는 잔인한 행위다. 그러나 홈스의 잔인한 행위가 그를 부정의한 인간으로 규정할 수 있는지는, 앞서 선택원리가 정당화될 수 있는지를 먼저 검토한 후에 생각해 보는 것이 순서일 것 같다.

선택원리의 정당성 근거: 필요성의 원칙

그러면 〈부부와 여성 그리고 승무원만 남기고 독신 남자는 배 밖으로 던지라〉는 구명보트에서 채택된 선택원리는 정말로 죽느냐 사느냐의 극단적인 상황에서 불가피하게 채택된 것일까? 다시 말해, 촌각을 다투는 급박한 상황에서 해당 선택원리가 불가피한 것이었는가 하는 〈필요성 조건〉을 충족시켰을까? 생사를 결정할 수 있는 위험 상황이 존재했다면 그 선택원리는 불가피하게 허용될 가능성이 크다.

먼저 당시의 사태를 점검해 볼 필요가 있다. 무엇보다 그때 상황은 확실성과 불확실성이 혼재하는 것 같다. 확실한 것은 구명보트 안에 물이 흘러들어 와서 보트가 점차 가라앉고 있었다는 점, 사람들이 추위와 허기로 체력이 약해져 있었기 때문에 적극적인 조치를 취하기 어려웠다는 점이다. 불확실한 것은 기후가 앞으로 좋아질지 더 나빠질지, 구조선이 언제 나타날지 알 수 없었다는 점이다. 이런 상황에서 책임자인 항해사는 어떤 결정을 내려야 했을까? 중요한 것은 항해사가 내린 생과 사의 선택원리에 대한 명령이 어느 정도의 긴급한 상황에서 내려진 조치인가 하는 것이다.

일반적으로 어떤 조치가 즉각적으로 취해져야 하는 상황은 시간이 극도로 제한된 상황에서 위험이 즉각적이며 명백하게 존재할 경우다. 무엇보다 시간이 중요한 변수다. 위험에 직면하더라도 어느 정도 대처할 시간이 주어진다면 다양한 대안을 생각해 볼 수 있을 것이다. 그러나 시간이 극도로 제한되어 있는 상황에서는 선택의 폭이 제한될 수밖에 없다.

일단은 배가 빙산과 충돌하여 침몰하는 순간에 인간의 행위가 시간에 어느 정도 영향을 받는지 역사 속 두 사례를 가지고 이해해 보기로 하자. 하나는 우리가 익히 영화를 통해 잘 알고 있는 1912년에 있었던 타이타닉Titanic호의 침몰이다. 다른 하나는 타이타닉호 침몰 사건 3년 후에 발생한 루시타니아Lusitania호 침몰이다. 앞의 타이타닉호는 배가 완전히 침몰하는 데 2시간 40분이 걸렸고, 루시타니아호는 고작 18분이 걸렸다. 각각 두 배 안의 승객들에게는 어떤 결과가 나타났을까? 흥미로운 점은 상대적으로 침몰하는 데 시간이 더 많이 걸린 타이타닉호의 경우, 구명보트에 먼저 오른 승객들은 여성과 아이들이었다는 사실이다. 젊고 건강한 남성들 대부분이 결국 구명보트에 타지 못하고 배와 함께 익사했다. 반면 침몰하는 데 20분도 채 걸리지 않은 루시타니아호에선 구명보트에 먼저 탄 사람들이 여성과 아이들이 아니라 젊고 건강한 남성들이었다. 두 배의 경우는 어떤 메시지를 주는가? 그것은 생사가 갈리는 촌각을 다투는 상황 속에서 인간은 각자의 생존 본능이 타인에 대한 배려보다 더 앞선다는 것이다. 즉 시간이 극도로 제한된 상황에서는 여성과 아이들을 배려하는 기사도 정신보다 생존 본능이 더 지배적으로 작동하는 것이다.

그러면 홈스가 타고 있던 구명보트의 상황은 루시타니아호처럼 위급한 상황이었을까? 홈스가 탄 구명보트가 촌각을 다투는 극도로 위험한 상황이었다면, 항해사가 내린 선택원리보다 다른 원리가 채택되었을 가능성이 크다. 추측컨대, 〈나 먼저 살고 보자〉라는 생존 본능에 따른 선택원리가 채택되었을 것이다. 달리 말하면, 힘센 홈스 손에 먼저 잡힌 사람이 보트 밖으로 던져졌을 가능성이 높은 것이다. 이 상황에선 누가 승무원이고, 누가 승객이고, 누가 여성이고 남성인지의 구분이 중요하지 않을 수 있다. 일단 승무원의 손에 먼저 잡힌 사람이 바다귀신이 될 가능성이 높은 것이다.

그러나 홈스와 항해사가 처한 상황은 루시타니아호의 경우처럼 침몰하는 데 채 20분도 걸리지 않은 그런 상황으로 보기는 어렵다. 그렇다면 항해사가 명령한 〈부부와 여성만 남기고 배 밖으로 던지라〉는 선택원리는 어느 정도 최대 다수의 인명을 구하고자 하는 숙고와 고민 속에서 채택된 것으로 볼 수 있다. 이것은 무엇을 의미하는가? 곧, 홈스가 타고 있던 구명보트에서 벌어진 일련의 비극적인 사태가 급박하고 절박한 필요성의 원칙에 따라 선택된 원리가 아님을 의미한다. 다시 말해 어떻게 손을 쓸 수 없을 정도로 구명보트가 급속히 가라앉는 긴급한 상황은 아닌 것으로 볼 수 있는 것이다. 과도한 인원이 승선했기 때문에 위험한 상황에 처한 것은 사실이지만 다른 가능한 조건들을 검토할 수 있는 최소한의 시간적 여유는 있었다는 얘기다. 그러면 상황의 급박성이나 긴급성을 충족시키기 못한 홈스의 선택원리는 어떤 경우에도 그 정당성을 확보하지 못하는 것으로 보아야 할까? 이제 이 질문에 답하기 위해 당시의 상황에서 다른 대안으로 선택할 수 있는 원리로 무엇이 가능했는지 생각해 보기로 하자. 그래서 가능한 대안들이 선택원리보다 더 나은 것으로 여겨질 수 있는지를 한번 따져 보자.

대안적 선택: 칸트적 도덕원칙

그러면 어느 정도 시간이 주어진 상황에서 생각해 볼 수 있는 대안원리로는 어떤 것이 있을까? 일단 보트 안의 사람들이 교대로 바다에 뛰어들어 일정 시간 동안 물속에 있는 방법은 어떨까? 이렇게 구명보트의 하중을 줄여 가라앉는 것을 지연시킴으로써 생존 시간을 확보하는 것이다. 그러나 이 방법은 이론적으로는 가능할지 몰라도 현실적이지는 않다. 거친 파도가 몰아치고 보트 주위에 얼음 조각이 떠돌아다니는 것을 고려할 때 그 위험은 결코 작아 보이지 않기 때문이다. 더군다나 차가운 바닷물 속에서 승객들이 얼마나 견뎌 낼 수 있을지도 미지수다. 상어와 같은 포식자의 공격도 배제할 수 없다.

다른 대안으로는 남을 만한 자격이 있는 사람만이 구명보트 안에 있는 경우를 생각해 볼 수 있다. 특정한 기준에 따라 남을 자와 내릴 자를 정하는 것이다. 그러면 그 기준은 어떤 것이어야 할까? 윌리엄 브라운호에 탔을 때, 1등석인지 아니면 3등석인지가 기준이 되어야 할까? 아니면 나이가 많은 연장자를 존중하여 젊은 사람들을 바다로 던져야 할까? 교대로 나가는 방식이든, 좌석 등급에 따른 것이든, 또는 나이에 따른 선택이든 그 어느 대안도 보트 안의 사람들로부터 선뜻 합의를 이끌어 내기가 녹록치 않을 것 같다. 이들 대안이 과연 홈스가 따른 선택원리에 비해 비교우위를 가진 대안일지 의심스러운 이유다. 이 역시 채택된 선택원리보다 더 객관적이고 합리적인 기준에 근거한 것으로 보기 어렵기 때문이다.

그러나 여기서 간과하지 말아야 할 것은, 위에서 언급한 대안들이 선택원리로 채택되기가 불충분하다고 해서 홈스가 따른 선택원리가 정당화될 수 있는 것은 아니라는 점이다. 무엇보다 이 선택원리가 승객들의 자발적인 동의를 거친 것이 아니기 때문이다. 보트에서 던져진 승객들은 애초 윌리엄 브라운호에 승선할 때 배가 침몰할 경우 어떤 식으로든 구명보트의 무게를 덜기 위해 자신들을 바다로 던져도 좋다는 조건에 사인을 한 것이 아니다. 독신 남성 승객들 중 어느 누구도 부부 가족과 승무원들을 살리기 위해 자신들이 상어 밥이 되어도 좋다는 조건에 동의한 적이 없다.

독신 남성 승객들이 어떠한 경우에도 다른 승객들을 구하기 위한 희생물이 될 수 없다는 것은 독일 철학자 칸트Immanuel Kant의 견해에 비추어볼 때 분명해진다. 칸트의 도덕원리는 개개인을 다른 사람을 위한 수단이 아닌 자체목적적인 인간으로 대우해야 한다고 강조한다.[6] 홈스가 따른 선택원리는 분명 어떤 경우라도 인간을 타인의 목적을 위한 수단으로 삼아서는 안 된다는 칸트의 정언명법을 위반한 것이다. 그런데 칸트적 도덕원리의 기준을 갖고 보면 이 선택원리뿐만 아니라 그 어떤 다른 원리도 완벽할 수 없다는 문제aporia[7]가 발생한다. 그것이 1명이든 2명이든 누군가의 희생을 통해 다른 누군가의 목숨이 구해진다면 그것은 타인을 수단으로 삼아서는 안 된다는 칸트적 단서를 위반한 것으로밖에 볼 수 없기 때문이다. 자, 그러면 이 상황에서 칸트적 단서를 위반하지 않으면서 대안으로 채택할 수 있는 선택원리로는 어떤 것들이 있을까?

칸트적 조건을 위반하지 않기 위한 대안 원리들

(1) 자발적 희생

칸트적 도덕원리의 위반을 피해갈 수 있는 대안으로 두 가지를 생각해 볼 수 있다. 하나는 보트 안의 누군가가 자발적으로 바다로 뛰어드는 경우다. 하중을 못 견뎌 구명보트가 서서히 가라앉고 있는 상황에서 보트 안에 있던 사람들 중 일부가, 예를 들어 병자나 노인이 다른 사람에게 부담이 되는 것을 피하여 자진해서 보트 밖으로 나가기를 결정한 경우를 생각해 볼 수 있다. 이러한 자기희생적인 행위는 숭고한 정신을 보여주는 이타적이고 영웅적인 행위라고 말할 수 있다. 실례로 1910년 남극 탐험을 하던 중 괴저(壞疽)와 동상에 걸린 오츠Titus Oates 대장이 동료 대원들의 생존을 돕기 위해 스스로 텐트를 나와 죽음을 선택했다. 오츠는 영하

40도가 넘는 상황에서 〈나는 밖으로 나가려고 하며 몇 시간 있을 것이다〉라고 말한 뒤, 스스로 눈보라 속으로 걸어 들어가 사라졌다. 비록 그의 희생에도 불구하고 탐험을 시도하던 탐험 대장 스코트Robert Scott와 그 동료들 모두가 죽었지만, 오츠가 극한의 상황 속에서 보여준 희생 정신은 영웅적인 행위로 칭송받았다. 그러나 윌리엄 브라운호의 경우, 법정에서의 증언에 따르면 홈스의 구명보트에서 이러한 숭고한 행위를 보인 사람은 아무도 없었다.

(2) 평등한 죽음

그러면 그밖에 다른 대안으로 어떤 것을 생각해 볼 수 있을까? 마지막 대안으로 모두가 함께 가라앉는 보트와 운명을 같이하는 것을 생각해 볼 수 있다. 즉 모두가 평등하게 죽음을 선택하는 것이다. 결과가 대비극으로 끝날 수 있는 이 대안은 다음과 같은 상황에서 선택할 수 있다. 그것이 최소한의 사람이든 많은 사람이든, 승객 일부가 생존하기 위해서는 구명보트 안의 누군가가 희생해야 하지만, 어느 누구도 자발적으로 희생양이 되기를 원치 않는 경우다. 보트 안에 있는 사람 개개인은 칸트적 도덕원리에 근거하면 보트 안에 남을 권리를 가진 존재들이다. 각자가 목적적인 존재로서 보트 안의 자리를 요구할 경우, 그래서 어느 누구도 죽음을 원치 않는 경우, 그 누구도 자신의 생존을 위해 타인의 권리를 부정하고 타인을 바다로 던질 권리는 없다. 그렇다면 이러한 상황에서 항해사가 취해야 할 행위는 어떤 것일까? 항해사는 먼저 모든 승객들에게 자발적으로 보트 밖으로 나갈 의향이 있는지 묻고,

아무도 원치 않는다는 것을 확인한 후에 이 사실을 승객 모두에게 알리고, 이 순간부터 모두가 자리에서 조용히 죽음을 기다린다고 선언하면 된다. 모두가 평등하게 죽음을 공유하는 것이다.

그렇다면 결국 배 안의 사람들이 취할 수 있는 선택지는 두 가지다. 하나는 누군가가 희생함으로써 다른 누군가가 살 수 있는 경우다. 다른 하나는 모두가 자체목적적인 존재로서 각자의 동등한 권리에 따라 함께 죽음을 선택하는 것이다. 그러면 생존할 수 있는 가능성이 몇 명이라도 있는 경우와 생존 가능성이 제로인 경우 어떤 선택이 이루어질까? 아마도 보통의 사람이라면 생존 본능을 저버리기 쉽지 않을 것이다. 생존의 이기적 유전자가 작동된다면, 대개는 살 가능성이 아예 차단된 후자보다 생존 확률이 어느 정도 존재하는 전자를 선택할 가능성이 높다. 즉 항해사가 명령하고 홈스가 따른 선택원리가 채택될 확률이 더 높은 것이다.

홈스가 따른 선택원리의 정당화 문제

몇몇 사람을 희생시킴으로써 그 대가로 남은 사람들을 살리는 홈스의 선택원리에는 여전히 논란의 여지가 있다. 즉 〈가족과 여성 그리고 승무원을 제외한 다른 승객들은 보트 밖으로 던지라〉는 선택원리 내용의 정당성에 물음이 제기될 수 있는 것이다. 먼저 생존의 기회를 부부 가족과 여성 그리고 승무원에만 한정한 데 대한 정당성 문제다. 여성들을 남게 한 것은 서양의 기사도 정신의 발휘라고 볼 수도 있겠다. 하지만 두 쌍의 부부 가족에 대한 자격 부여는 독신보다 가족 관계를 우선시한 것으로 생각해 볼 수 있으나, 보편적 정당성을 확보하기는 어려울 것 같다. 또한 승무원의 배 잔류는 그 정당성이 심히 의심스럽다. 선장과 승무원이 가장 우선시해야 할 원칙은 승객을 안전하게 목적지까지 운송해 주는 것이다. 그런데 승객들의 생존과 보호를 우선시해야 할 승무원들이 자신들의 생존을 우선시한 것은 놀랍도록 이기적인 행위로밖에 볼 수 없다. 왜 승무원들은 예외적 존재로 인정되어 승객들과 동등하게 죽음의 위험을 나누지 않았는가?

먼저 부부와 여성 그리고 승무원들에게만 생존의 기회가 주어진 위의 선택원리에 대해 어떤 변호가 가능할 수 있는지 생각해 보자. 우선 독신 남성보다 부부를 우선시한 이유는 무엇일까? 남편이나 부인 중 어느 한 사람을 구명보트 밖으로 내보낼 경우, 배우자의 방해 행동이 문제가 될 수 있다. 실제로 구명보트에서는, 비록 부부 관계는 아니지만, 가족적 유대감이 선택원리의 실행을 방해한 경우가 있었다. 두 여성의 오빠가 홈스에 의해 강제로 바다로 던져졌을 때, 그의 두 여동생이 자발적으로 바다로 뛰어든 것이다. 부부 중 1명을 강제로 배 밖으로 던졌을 때 역시 분란의 소지가 발생할 수 있는 것이다. 또한 부부를 함께 남게 할 경우 남편은 부인을, 부인은 남편을 서로 보살피고 보호함으로써 승무원들이 별도로 신경 쓰지 않아도 되는 이점이 있을 수 있다.

그러면 승무원이 구명보트 안에 남는 것은 어떤 이점이 있을까? 무엇보다 승무원이 없을 경우 보트의 안전과 승객들의 생명이 더 위험해질 수 있다는 이유를 제시할 수 있을 것 같다. 예기치 않은 기상 변화나 앞으로 닥칠 시련에 대한 방어 능력을 갖춘 사람은 승객이 아닌 승무원들이기 때문이다. 그러나 윌리엄 브라운 호의 경우, 요리사를 포함한 8명의 승무원 중 그 누구도 희생자 명단에 포함되지 않았다는 점은 승객과의 기회의 형평성에 관한 문제를 제기한다.

그렇다면 여기서 다시 두 가지 가능한 선택지가 있다. 하나는 동등한 위험 부담 원칙에 따라 승객뿐 아니라 승무원까지 포함해 보트 밖으로 던져야 한다는 선택원리다. 다른 하나는 홈스가 탔던 구명보트에서 실제로 채택된 선택원리, 즉 부부와 여성 그리고 승무원을 배 안에 남게 하는 선택원리가 그것이다. 어느 것이 더 나은 선택이 될 수 있을까? 전자의 선택원리, 즉 동등한 위험 부담 원칙이 실제로 채택된 후자의 선택원리보다 더 나은 대안이 될 수 있을까?

동등한 위험 부담 원칙과 관련하여 다음과 같이 생각해 볼 수 있다. 앞서 말한 것처럼 승무원이 준수해야 할 중요한 원칙은 승객의 보호와 생존이다. 그리고 이러한 원칙을 절대시할 경우 모든 승무원들은 자기희생적인 정신을 갖고 먼저 바다로 뛰어들었어야 했다. 그러면 승무원들이 부재한 상태에서 승객들은 생존할 수 있었을까? 아마도 승무원들이 바다로 뛰어든 순간 안개 속에서 갑자기 구조배가 나타난다면 승객들은 모두 구조되었을 것이다. 그러나 현실적으로 승무원들이 없는 상황에서 경험이 일천하고 공포에 질린 승객들로 가득 채워진 구명보트가 장시간 안전하리라고는 장담하기 어려울 것이다. 아이러니하게도 최대 다수의 승객들의 생존을 절대시하여 승무원 모두의 희생을 강하게 요구할 경우, 최대 다수의 승객들이 희생되는 결과가 나타날 수 있다.

승무원이 위험 부담으로부터 완전 면제된 것은 공정하지 않은 것으로 보아야 한다. 그렇다고 승객들에 대한 절대적인 의무만을 우선시하여 승무원들의 희생을 요구할 경우, 그것 역시 승객들의 생존에는 불리할 것이다. 승객의 입장에서 동등한 위험 부담 원칙을 선택할 경우 보트 안에 남을 승산은 높아지지만 생존의 가능성은 낮아진다고 볼 수 있다. 거꾸로 승객들이 항해사가 내린 선택 원리를 선택할 경우 보트 안에 남을 가능성은 낮아지지만 생존의 가능성은 높아진다.

이번엔 구명보트 안에 생존을 위한 자리가 하나만 있는 경우를 가정해 보자. 그런데 두 사람, 즉 승객과 승무원이 그 자리를 요구한다. 둘 중 누가 그 생명 좌석의 우선권을 가질까? 특별한 설명이 추가되지 않는다면 그 자리는 승객에게 주어지는 것이 분명 이치에 맞다. 승무원은 승객의 안전과 생명을 지킬 의무가 있지만, 반대로 승객이 승무원에 대해 그러한 의무를 지고 있는 것으로는 볼 수 없기 때문이다.

그러면 이러한 논리가 홈스가 타고 있던 구명보트의 상황에도 그대로 적용될 수 있을까? 홈스의 구명보트 안에는 감당하기 어려운 너무 많은 사람이 타고 있었고, 배가 가라앉는 것을 지연시키기 위해서는 불가피하게 보트의 무게를 줄여야만 했다. 하지만 증언에서 보듯 모든 사람이 자발적으로 희생하기를 원치 않았다.

이 경우에 불가피하게 보트 안의 몇 명은 바다로 던져져야만 한다. 그리고 승객의 생명을 구하는 원칙이 우선시될 경우, 극단적으로 승무원들이 모두 보트 밖으로 나가는 일이 생길 수도 있다. 하지만 승무원들이 모두 나간다면 구명보트의 안전한 운항을 장담할 수 없고, 남은 승객들의 생존 가능성은 희박해진다. 그 경우 승객과 승무원들이 동등하게 위험 부담을 나누는 게 차선책으로 고려될 수 있을 것이다.

그러면 동등한 위험 부담 원칙을 공정하게 실현할 수 있는 방법으로는 어떤 것이 있을까? 애초 선장이 제안한 제비뽑기에 의해 결정하는 방법을 고려할 수 있을 것이다. 승객과 승무원이 공히 제비뽑기에 참여해 일정한 수를 내보내는 것이다. 하지만 이것 역시 문제가 없는 것은 아니다. 제비뽑기가 공평함을 실현할 수 있는 방법 중 하나임을 부정하지는 않지만, 무엇보다 구명보트의 안전을 담보할 수 있는 통솔력과 항해에 대한 풍부한 식견을 갖춘 사람이 희생될 가능성이 있다. 보트 안에 남을 만한 자격을 가진 자가 배제되는 문제점이 있는 것이다. 또한 위급한 상황에서 제비뽑기를 진행할 수 있는 여건이 되는지 불확실하고, 또 제비뽑기라는 운에 생사를 거는 것에 대한 감정적 거부 반응도 있을 수 있다. 이러한 점에서 제비뽑기 역시 현실적으로 채택되기가 녹록치 않아 보인다.

홈스는 부정의한 인간일까?

이제 지금까지 얘기한 것을 종합해 보면, 법정에서의 홈스에 대한 살인죄 기소는 다음과 같은 몇 가지 이유에 근거한 것으로 보인다. 첫째, 승무원은 승객의 안전과 생명을 중요시해야 하지만 홈스는 이러한 원칙을 위반했다(승객 안전 우선 원칙). 둘째, 홈스는 항해사가 내린 선택원리가 임박한 침몰 상황에서 긴급하면서도 절박하게 요구되는 최선의 대안이 될 수 있는지에 대해 숙고적 판단을 결여하고 있었다(선택원리의 필요성 충족 요건). 마지막으로 적어도 승무원 중 누군가가 보트 안에 남을 자격에 못 미칠 경우, 승객 대신 보트 밖으로 내보내는 가능성을 고려해야 했다. 승무원 중 몇 명은 승객과 더불어 동등하게 위험을 분담했어야 한다는 것이다(위험의 공동 부담 원칙). 홈스의 행위가 공정치 않다고 생각할 수 있는 이유는, 이처럼 희생될 사람들을 공정한 절차 과정을 통해 선택하려는 시도를 배제했다는 점이다. 이 사실은 무엇보다 희생자 명단에서 모든 승무원을 면제했다는 데서 확인할 수 있다.

물론 첫 번째 비판에 대해 홈스는 승객을 보호해야 하는 원칙 준수뿐 아니라 상관의 명령에 복종해야 할 의무 또한 갖고 있었다고 말할 수 있을 것이다. 홈스 역시 승객들의 안전과 생명이 중요하다는 걸 모르진 않았을 테지만, 대형 구명보트의 최고 상관인 1등 항해사의 명령 또한 무시할 수 없었을 것이다. 물론 홈스가 상관에 대한 복종 의무와 승객에 대한 안전 의무 중 어느 것을 우선했어야 하는가 하는 물음은 남는다.

두 번째 비판과 관련하여, 홈스는 항해사가 내린 선택원리가 보트가 가라앉는 긴급한 상황에서 불가피하게 이루어진 것이라고 말할 수 있을 것이다. 누구도 자발적으로 희생을 감당하려 하지 않는 상황에서 〈어느 누구도 타인의 생명을 구하기 위한 수단이 되어서는 안 된다〉는 이른바 칸트적 조건에 따라 더 많은 목숨을 구하기 위한 어쩔 수 없는 선택이었다고 말이다.

마지막으로 승무원들이 승객과 위험을 공동으로 분담하지 않았다는 비판과 관련하여 승무원의 자기희생적인 행위가 부재했다는 점은 인정되어야 할 것이다. 보트 안에 남을 수 있는 우선권이 승무원에게만 주어지는 것은 과도한 측면이 있기 때문이다. 홈스가 12명의 승객을 구명보트 밖으로 던지는 데 주도적인 역할을 한 것은 사실이고, 공정한 절차에 따라 행하지 않은 것도 맞다. 그가 12명을 죽음으로 몰고 간 행위를 부정할 수 없다. 그러면 홈스를 부정의한 인간으로 결론 내려도 되는 걸까?

그러나 행위의 부정의함을 근거로 홈스를 부정의한 인간으로 보기는 어려울 것 같다. 앞서 홈스의 선택원리 이외에 최선의 선택원리로 생각해 볼 수 있는 후보적인 대안들을 검토해 보았다. 하지만 승무원들이 면제되었다는 문제점 이외에 홈스가 따른 선택원리를 능가하는 다른 최선의 대안이 제시되지는 않았다. 〈가능한 한 더 작은 악을 선택하라〉는 일반적인 조난 구조 원칙에 비추어 보면 홈스의 행위는 그를 부정의한 사람이라고 결론 내리기에 충분하지 않다. 그에 의해 죽은 사람보다 더 많은 18명의 승객들이 생명을 구했고, 12명의 남성 승객을 보트 밖으로 내던진 행위 역시 악의적인 동기를 갖고 수행하지 않은 것도 사실이기 때문이다. 홈스는 공정한 절차를 만들어 희생양을 정할 수 있는 위치에 있지 않은 일반 선원이었고, 책임자인 1등 항해사의 명령을 나름대로 해석하여 실행했을 뿐이다.

윌리엄 브라운호의 생존자들은 목적지인 필라델피아에 도착했고, 이곳에서 홈스는 살인죄로 기소되었다. 대법원은 그의 유죄를 인정했지만, 그가 의도적으로 살인한 것으로 평결하지는 않았다. 홈스는 금고 6개월과 20불의 벌금형에 처해졌다.[8] 과연 홈스는 옳지 못한 행위를 한 부정의한 인간이고, 그에 대한 처벌은 합당한 걸까? 아니면 그는 잔인한 바다에서 정의로운 인간이 되고자 애쓴 따뜻한 영혼을 지닌 승무원이었을까? 우리는 이 물음에 대해 바로 결론을 내리지 말고, 이어지는 사례들과 함께 정의를 둘러싼 논제들을 좀 더 살펴보면서 그 답을 생각해 보도록 하자.

동굴 안의 로저 웻모어

2010년 칠레 산호세 광산에서 붕괴 사건이 있었다. 33명의 광부가 지하 700미터에 갇혔다. 하지만 며칠이 지나도 생존 여부는 물론 위치조차 파악할 수 없었다. 매몰 17일째, 구조용 드릴에 작은 종이가 묶여져 올라왔다. 종이에는 빨간 글씨로 〈33명의 광부는 모두 살아 있다〉고 쓰여 있었다. 즉시 구조대는 그곳을 통해 초소형 전화선을 밑으로 내려 보냈고, 광부들이 무사하다는 사실을 알게 됐다.

매몰 당일, 광부들은 광산이 무너질 조짐이 보이자 가까운 임시 대피소로 미리 피신했다. 대피소에는 며칠분의 식량밖에 없었다. 작업 반장 루이스 우르수아Luis Urzua는 조직적으로 그들을 이끌기로 결심했다. 광부 한 명 한 명에게 역할을 분담했고, 48시간마다 우유 반 컵, 과자 반 개, 참치 통조림 두 숟갈을 배분했다. 매몰 17일째, 드디어 구조 드릴이 자신들이 있던 곳까지 도달했다. 광부들은 이 드릴에 종이를 묶어 자신들의 생존 소식을 세상에 알린 것이다. 그렇게 갱도에 갇힌 지 69일 만에 33명 전원이 구조되었다.

비좁은 공간과 찜통 같은 더위, 음식도 물도 공기도 부족한 상태에서 그들이 살아남을 수 있었던 힘은 무엇이었을까? 많은 사람들이 리더의 지도력과 상호 간의 인간적 신뢰를 그들이 생존할 수 있었던 중요한 이유로 제시한다. 극한 상황 속에서도 광부들은 인간성을 잃지 않았기에 살아남을 수 있었고, 그들의 이야기는 사람들에게 깊은 감동을 줄 수 있었다. 그러나 한편으론 좀 얄궂은 생각이지만, 통신이 가능하지 않고 음식 공급이 이루어지지 않은 상황이 지속되었다면 칠레의 광부들은 어떤 선택과 결정을 하게 되었을까? 생존 본능의 이기성이 발휘되었을까, 아니면 끝까지 인간성을 포기하지 않으면서 의연히 죽음을 맞았을까?

이제 아래에서 살펴볼 동굴 안에서 벌어진 로저 웻모어Roger Whetmore 살인 사건은 일종의 가설적 상황이다. 사람이 사람을 잡아먹는 카니발리즘cannibalism(또는 anthropophagy)은 전쟁이나 항해 시 또는 탐험과 같은 특수한 상황에서는 얼마든지 발생할 수 있다. 그리고 이러한 극단적 상황에서 다수의 생명을 구하기 위해 1명을 죽이는 행위를 어떻게 평가해야 하는지는 정의의 문제와 밀접한 관련을 갖는다. 이제 5명의 탐사 대원이 동굴 속에 갇히는 상황에서 벌어지는 이야기를 통해 극한 상황에서 어떻게 하는 것이 올바른 행위인지를 한번 생각해 보고자 한다.[9]

동굴 안 사건의 전모

입구가 막힌 동굴 안에서 로저 웻모어(가상 인물)가 동료들에게 죽임을 당했다. 사건의 전말은 이렇다. 스펠룽커 동굴 탐사 애호가 단체의 회원 5명이 어느 날 중부 고원지대의 석회암 동굴을 탐사하고 있었다. 로저 웻모어를 포함한 4명이 동굴 입구에서 멀리 떨어져 내부로 들어가는 도중에 산사태가 일어나 거대한 바위들이 동굴 입구를 막아 버렸다. 시간이 지나도 이들이 집에 돌아오지 않자 가족들이 동굴 탐사 협회 관계자에게 이 사실을 알렸고, 구조대가 현장에 급파되었다. 그러나 구조 작업은 난항을 겪었다. 많은 장비와 인력이 투입되었음에도 수차례의 산사태로 인하여 구조 작업을 하던 몇 명의 인부들이 목숨을 잃었다. 마침내 32일째 되던 날, 이들의 극적인 구소 소식이 들려왔다. 그러나 구조된 인원은 총 5명이 아닌, 로저 웻모어를 제외한 4명뿐이었다. 과연 동굴 안에서는 무슨 일이 벌어진 것일까?

구조된 탐사 대원들의 보고에 따르면 동굴 안에는 식량이 얼마 없었다. 조난 20일째 되던 날, 구조대는 탐사대가 무전기를 갖고 있음을 알게 되었고 교신에 성공했다. 동굴 안에 있던 로저 웻모어는 구조대와의 통화에서 자신들이 구조되는 데 얼마나 시간이 필요한 지 물었고, 구조대는 최소한 10일이 걸릴 거라고 답했다. 그는 다시 의사와 통화해 앞으로 아무것도 먹지 않고 10일을 버틸 수 있을지 물었다. 의사는 가능성이 희박하다고 말했다. 이후 웻모어가 의사와 다시 통화하여 자신들이 1명을 죽여 그 살을 먹는

다면 살 수 있는지 물었고, 의사는 가능하다고 답변했다. 그 후 통화는 더 이상 이루어지지 않았다. 결국 조사 과정에서 회원 동료들이 조난 23일째 되던 날 로저 윗모어를 죽여 그의 살을 먹은 사실이 세상에 알려지게 되었다.

재판정에 선 피고인 4명의 증언에 따르면, 처음에 1명을 희생하여 4명의 식량으로 이용하자고 제안했던 회원은 로저 윗모어였다고 한다. 자신이 가지고 있던 주사위를 사용해 희생자를 정하자고 제안했다는 것이다. 나머지 회원들은 처음에는 윗모어의 제안을 받아들이지 않으려고 했다. 하지만 의사와 교신한 후 자신들이 남은 10일을 더 이상 견디기 어렵다는 것을 깨달았고, 결국 윗모어의 제안에 동의했다고 한다. 그러나 주사위를 던지기 직전 윗모어는 자신의 제안을 철회했다. 즉, 주사위로 뽑힌 회원을 다른 4명의 동료 회원들의 식량으로 사용하는 데 참가하지 않겠다고 선언한 것이다. 다른 사람들은 윗모어가 약속을 파기했다고 비난하며 주사위 던지기를 강행했다. 윗모어의 순서가 되었을 때 피고인들은 그에게 다른 사람이 대신하여 던질 경우 주사위 던지기의 공정성에 이견(異見)이 있는지를 물었고, 그는 반대하지 않는다고 말했다. 피고인 중 1명이 그를 대신해 주사위를 던졌고, 행운의 여신은 그의 손을 들어주지 않았다. 그는 결국 살해되어 동료들의 식량이 되고 말았다.

자, 여기서 동굴 탐사 대원들이 동료 윗모어를 살해하여 자신들의 식량으로 사용한 행위를 어떻게 평가할 수 있을까? 이들의 행위는 부정의한 것이며, 따라서 이들을 부정의한 인간으로 규정할 수 있을까? 아니면 이들이 웻모어를 죽인 행위는 일종의 자신들의 생명 보존을 위한 불가피한 결정이었고, 따라서 행위 자체는 부정의하지만 이들을 부정의한 인간으로 간주할 수는 없다고 봐야 할까? 더 물음을 이어 나가 보자. 우리는 웻모어를 잡아먹은 동료들에게 어떤 판결을 내릴 수 있을까? 또 웻모어가 내 가족이라면 이들의 행위를 어떻게 비판할 수 있을까? 또는 우리가 웻모어를 죽인 동료 회원들의 처지에 놓였다면 어떻게 행위할 수 있었을까? 이런 물음들에 관해 어떤 답변이 가능할지 하나씩 비판적으로 검토해 보도록 하자.

자연권 jus naturale에 따른 정당화

먼저 웻모어를 죽인 동료들의 입장에서 살펴보자. 동료들 입장에서는 자기 보존을 위한 방어 차원에서 그를 불가피하게 살해했다는 논변이 제시될 수 있다. 곧 동굴 속 상황은 실정법이 적용되기 어려운 조건으로서 홉스Thomas Hobbes가 말한 자연상태the state of nature로 봐야 한다는 것이다.[10] 홉스에 따르면 〈자연상태에서 인간은 자신의 생명을 유지하기 위하여 적당한 수단이라고 생각되는 모든 일을 할 수 있다.〉 이것이 자연권이다.

자연권 이론에 따르면 모든 인간은 〈각자가 가지고 있는 자유, 곧 자기 자신의 본성을 보존하기 위해, 자기 자신의 생명을 보존하기 위해 자신이 원하는 만큼 자기 자신의 힘을 사용할 자유〉를 가진다. 다시 말해 모든 인간은 자신의 존재 보전을 위하여 가장 적합한 수단을 사용할 수 있는 자유를 가진다. 따라서 홉스의 자연상태에서는 인간이 만인 대 만인의 투쟁 상태에 돌입하며, 자기 보존을 위한 이기성을 극대화하고자 한다.

홉스의 자연상태는 전쟁 상태와 같으며, 여기서는 정의와 부정의의 구분이 의미가 없다. 인간을 지배하는 법이 존재하지 않는 한 정의도 없기 때문이다. 문명 공동체의 규제 원리가 되는 실정법은 인간들의 공존이 가능한 상황에서는 적용될 수 있지만, 상호 공존이 불가능한 상황에서는 더 이상 법적 규제력을 발휘할 수 없다. 법적 규제력의 조건이 사라지면 실정법의 힘 역시 사라진다. 라틴 격언에 있듯 〈법을 위한 이성이 사라질 때, 마찬가지로 법 그 자체도 중지된다cessante ratione legis, cessat et ipsa lex.〉 인간이 사회계약에 동의할 때, 그것은 법이 자신들의 생존을 보장한다는 조건하에서 동의한 것이다. 그런데 그것이 더 이상 보장되지 않을 때, 그 계약을 따를 이유는 없는 것이다. 결과적으로 자연상태에서는 오로지 자기 보존의 원리만이 지배적으로 작동할 수밖에 없다.

자연권 이론에 따르면, 동굴 안에 갇힌 스펠룽커 탐사대가 처한 상황은 이러한 상호공존의 계약이 유지되기 어려운 자연상태와 같다. 다시 말해 주어진 상황은 홉스가 말하는 만인 대 만인의 투쟁이 이루어지는 야만적인 자연상태와 같으며, 그렇기 때문에 정의의 잣대는 이 경우에 적용될 수 없다. 이것은 마치 동물 세계에서 강한 짐승이 약한 짐승을 잡아먹는 것이 자연적 정의가 된다는 논리와 같다. 동굴 안에서처럼 누군가의 생명을 빼앗아야만 자신

의 생명을 유지할 수 있는 특수한 상황이라면, 공존이 전제되어야
만 유효한 실정법은 더 이상 그 의미와 힘을 발휘할 수 없게 된다.
곧 동굴 안의 상황은 실정법이 유효할 수 있는 경계선을 넘어, 그
관할권 밖에 있는 것이다.

그러면 실정법이 중지된 상황에서 다수의 생존을 위해 1명의
동료를 죽인 행위는 자연권적 관점에서 정당화될 수 있을까? 국
가상태가 아닌 자연상태에 있었기 때문에, 동료들이 로저 윗모어
를 죽인 행위는 자연적 정의의 관점에서 보아 살인 행위가 아니라
고 볼 수 있을까?

이러한 물음을 답하기 위해서는 동굴 안의 상태를 자연상태로
볼 수 있는 근거가 무엇인지를 우선적으로 따져 보아야 할 것 같
다. 로저 윗모어 사례의 경우, 먼저 자연상태의 경계가 분명치 않
다는 문제가 있다. 동굴에 갇혔기 때문인지, 극단적인 굶주림의 상
태에 처했기 때문인지, 또 자연권이 적용되는 시점이 동굴의 입구
가 막혔을 때부터인지, 주사위를 던지기로 합의했을 때부터인지
분명하지 않다. 예를 들어 미성년자 탐사 대원들 중 한 사람이 동
굴에 갇혀 있는 동안에 성년을 맞았다고 하자. 그가 성년에 도달
한 시점은 언제라고 말할 수 있는가? 실정법의 관할에서 벗어나
있었을 때인가, 혹은 동굴에서 구조되어 다시 실정법이 적용된 시
점부터인가?

마찬가지로 또 다른 물음이 제기될 수 있다. 동굴 안에 적용할
수 있다고 말하는 자연법은 한 사람이 다른 사람을 잡아먹을 수
있는 권리까지 인정하는 법인가? 심지어 계약이 체결되면 한쪽이

의견을 철회해도 다른 상대방이 강제로 계약을 집행할 수 있는 폭력까지 행사할 수 있는 법인가?

다음으로 자연상태에 대한 설정을 홉스의 자연권의 관점에서만 볼 수 있는가 하는 반론을 제기할 수 있다. 영국의 철학자 존 로크John Locke는 홉스의 주장과 달리 인간은 자연상태에서도 타인에게 양도할 수 없는 천부적 자연권이 있다고 주장한다. 법이 존재하기 이전의 자연상태에서도 인간은 도덕적 권리와 의무를 갖는다는 것이다. 그렇기 때문에 이러한 자연법에 의해 〈인간은 태어나면서부터 자기 보존의 권리, 즉 자연이 그들의 생존을 위해 제공하는 것에 대한 전유적 권리〉[11]를 부여받는다. 〈각 개인의 이러한 자연권은 계약에 의해 시민 사회로 들어갈 때에도 결코 포기되어질 수 없는 양도 불가의 권리인 것이다.[12] 로크적인 자연권의 관점에서 보면 동료 탐사 대원들이 주장하는 자연권은 야만적인 짐승의 정의일 뿐 인간적인 정의는 아니다.

동굴 안에 갇힌 동료 회원들이 윗모어를 죽인 것을 자기 보존권 행사의 일환으로 정당화하고자 하는 시도 역시 문제가 있다. 실정법은 무고한 피해자가 자기 생명을 구하기 위해 방어적 차원에서 사악한 공격자를 죽이는 것을 인정한다. 예를 들어 한밤중에 집으로 들어온 강도가 가족을 인질로 잡아 위협하는 상황을 생각해 볼 수 있다. 이 경우 집주인이 숨겨 둔 총으로 강도를 쏘는 행위는 정당방위의 차원에서 인정될 수 있을 것이다. 다른 경우도 생각해 볼 수 있다. 한밤중에 집주인이 집 안으로 들어오려는 폭도들의 소리에 잠이 깼다. 집주인은 폭도들을 겁주기 위해 총을 집어 들어 공중으로 몇 발 쏘았다. 그런데 근처에서 순찰을 돌고 있던 경찰에게 총소리가 들렸고, 그 경찰관은 집주인의 집으로 걸어 올라왔다. 그러나 집주인은 그 경찰관을 폭도 중의 1명으로 오해하여 쏘아 죽였다. 집주인의 행위는 정당화될 수 있을까?

위의 두 경우는 자기 방어적 차원에서 이루어진 행위로 볼 수 있고, 따라서 정당화될 수 있는 행위의 유형으로 볼 수 있다. 그러면 동료들이 윗모어를 죽인 행위를 이와 같은 자기 방어적 차원의 행위로 볼 수 있을까? 대개 자기 방어는 피해자가 누구인지 분명하게 인지하지 못한 상태에서 이루어지지만, 동료들은 윗모어가 누구인지 잘 알고 있었다. 죽이기 직전까지 동굴 속에서 함께 사투한 같은 동료 회원이었다. 결국 동료들의 자기 방어적인 차원에서의 정당성 시도는 성공적인 것으로 보기 어렵다.

다수에 근거한 정당화 시도

더 강력한 정당화 시도는 공리주의적 원리에 근거한 주장이다. 이것은 〈최대 다수의 최대 행복〉이라는 공리주의적 관점에서 접근한 것이다. 동굴에 갇힌 5명 모두가 죽는 것보다는 1명의 희생을 통해 4명이 살 수 있는 선택이 낫다는 입장이다. 이렇게 윗모어를 죽인 동료들은 다수를 살리기 위해 1명의 희생이 불가피했다는 논거를 제시할 수 있다. 다시 말해 처음부터 윗모어를 죽이려는 의도를 가진 것이 아니라, 4명의 생명을 유지하기 위해 불가피하게 죽였다는 것이다.

다수의 생명을 구하기 위해 어쩔 수 없이 1명을 희생시켜야 한다는 원리는 직관적 설득력이 높다. 소위 최대 다수의 최대 행복이라는 공리주의적 원칙은 우리가 경험적 차원에서 보다 용이하게 채택할 수 있는 원리이며, 그런 점에서 정당화의 원리로 간주되는 것이 사실이다.

그러나 공리주의 원칙은 그것이 무원칙적으로 적용되어서는 곤란하며, 보다 엄격한 기준에 의해 그 타당성 여부가 검증될 필요가 있다. 예를 들어 장기 이식이 필요한 5명의 환자를 치료하고 있는 의사를 생각해 보자. 5명 중 2명은 폐가 필요하고 다른 2명은 간이 필요하고 나머지 1명의 환자는 심장이 필요하다. 어느 날 한 건강한 사람이 정기 건강검진을 받기 위해 이 의사를 찾아왔다. 만약에 의사가 공리주의 원칙의 추종자여서 이 건강한 시민을 마취시켜 그의 폐와 간, 그리고 심장을 5명의 환자에게 이식시켜 구해 주었다면 이것을 어떻게 이해해야 할까?[13] 공리주의적 관점에서 보면 1명의 희생을 통해 5명의 환자가 건강해졌기 때문에 그의 행동은 정당화될 수 있을 것이다. 그러나 의사의 행위는 과연 정의로운 행위였을까? 분명 그렇게 볼 수 없을 것이다. 이처럼 공리주의적 논변은 어떤 경우에도 인간은 타인을 위한 — 그것이 설사 다수의 생명을 구하는 경우라도 — 수단이 되어서는 안 된다는 칸트적 도덕원리와 충돌을 빚는다.

앞서 언급했지만, 칸트는 우리는 하나의 인격체로서 언제나 다른 사람을 〈단지 목적을 위한 수단으로만 대우하지 말고 동시에 언제나 목적 자체로〉 대우해야 한다고 얘기했다. 이러한 칸트의 정언명법에 따르면, 앞서 말한 의사의 행위는 도덕적으로 결코 허용될 수 없다. 1명의 건강한 사람을 죽여 5명의 환자의 생명을 구하는 행위는 인간을 수단으로 삼은 살인 행위이기 때문이다. 물론 칸트의 이런 간결하면서도 절대적인 의무론적 도덕 원리가 다양한 요소가 개입되는 구체적인 개별 사례에 어떤 함의를 갖고 인정될 수 있는지를 알아내는 것은 생각보다 쉽지 않다. 하지만 어떤 경우에도 인간이 목적을 위한 수단이 되어서는 안 된다는 칸트의 주장은 동굴 안에서 벌어진 로저 웻모어 사건의 경우에 그 의미를 선명히 드러내 준다. 그것은 웻모어가 분명하게 거부 의사를 표시했음에도 불구하고 동료들이 그의 의사를 무시하고 죽였다는 점이다. 이것이 아무리 네 사람의 목숨을 구하기 위해서라는 공리주의적인 논변에 기반하고 있더라도, 앞서 건강한 1명을 죽여 5명의 환자에게 이식시키는 것과 같은 똑같은 행위로 볼 수밖에 없기 때문이다. 설사 그것이 웻모어의 암묵적 동의하에 이루어졌다고 해도 강요된 상황 속에서 타인의 손을 통해 이루어진 죽음이라는 점에서 그 정당성의 무게는 가벼워질 수밖에 없다.

동의의 문제

한편 생존한 웻모어의 동료들을 부정의한 인간으로 간주해서는 안 된다는 주장은 죽임을 당한 웻모어가 그 원인을 제공했다는 사실과 관련된다. 즉 주사위를 던져 동료들 중 1명을 식량으로 삼자고 제안했던 사람이 바로 윗모어였다는 사실이다. 따라서 윗모어 살해는 애초 그와 다른 동료들 간의 자발적인 동의에 따른 합의의 결과이기 때문에 문제가 없는 것으로 볼 수 있다는 것이다. 동의를 한 이후 주사위를 던지려고 하는 시점에 윗모어가 다시 자신의 제안을 철회한 것은 동료들의 동의를 얻지 못한 일방적인 계약 파기이므로 정당화될 수 없다는 것이다.

그런데 혹시나 주사위를 던질 때 어떤 조작이 있지는 않았을까? 윗모어가 걸리도록 주사위에 무게가 더해졌는지, 또는 윗모어 대신 주사위를 던지는 사람이 윗모어가 나오도록 더 신중하게 계산하여 주사위를 던졌는지와 같은 의심이다. 그러나 이러한 조작 의혹은 별로 상식적이지 않고, 주사위 던지기의 공정성에 대한 반대 논거로는 설득력이 없다. 윗모어가 주사위를 던져 희생자를 결정한 것이 자신에게 공평하지 않았다고 불평하기는 어려울 것으로 보인다. 결국 윗모어의 동료들은 그가 애초의 계약을 어겼으며, 결과적으로 다른 4명이 생명을 잃을 가능성을 20퍼센트에서 25퍼센트로 증가시켰다는 변론을 시도할 수 있다. 다시 말해 5명이 주사위를 던지면 한 사람이 당첨되어 희생될 확률이 20퍼센트이지만 윗모어가 제외되고 나머지 4명이 주사위를 던지면 1명이 희생될 확률이 25퍼센트가 된다. 또한 윗모어를 대신해 다른 동료가 던지는 것에 그가 반대하지 않은 것도 절차적 정당성에 힘을 실어 주는 것으로 볼 수 있다.

그러면 윗모어를 죽여 식량으로 이용해 살아남은 동료들의 이러한 주장을 어떻게 평가해야 할까? 여러분이 웻모어의 부인이고 가족이라면 과연 이들의 주장을 수용할 수 있을까? 아니라면 어떤 반대 주장을 제시할 수 있을까? 아마도 다음과 같은 반대 논변이 가능할 것 같다. 첫째는 제안을 처음 한 것은 웻모어이지만 이후에 분명한 철회 의사가 있었다는 사실이다. 한번 동의를 했기 때문에 취소가 불가능하다는 불가역성irrevocability 원칙이 웻모어를 죽인 행위에 대해 충분조건이 될 수 없다는 것이다. 적절한 비유가 될 수 있을지는 모르지만, 아파트 계약을 하고 세입자가 입주하기 전에 사정이 생겨 계약을 취소하는 경우와 비슷하다. 이경우 세입자의 계약 파기가 집주인의 동의 없이 일방적으로 이루어졌기 때문에 계약 취소 자체가 불가능한 것은 아니다. 세입자가 자신의 계약금을 돌려받지 못하는 불이익을 감수하고서라도 계약 취소를 원한다면 집주인은 계약 파기를 수용해야 한다. 물론 웻모어의 경우, 그로 인해 동료들이 죽을 확률이 높아진 것은 사실이다. 그러나 이것이 웻모어의 분명한 철회 의사를 상쇄시킬 정도로 정당성의 무게를 가질지는 의심스럽다. 다음으로 동료들은 웻모어가 주사위 던지기를 거부했지만, 그를 대신해 다른 동료가 던지는 것에 대해서는 거부하지 않았다는 이유를 제시한다. 그러나 이것 역시 상황 속에서 강요된 동의일 수 있으며, 이전의 철회 의지를 상쇄할 정도의 도덕적 정당성을 확보하는 것으로 보기는 어려울 것 같다.

다수를 구하는 것과 각자의 생명의 존엄성이 지켜져야 한다는 원칙 중 어느 것이 우선해야 할까? 어느 것이 올바른 선택일까?

어느 누구도 타인에 의해 죽임을 당해 산 자들의 먹이가 되는 것을 원하지 않거나, 또는 타인을 죽여 자신의 생존을 위한 식량으로 삼기를 원하지 않을 때 남는 가능성은 무엇인가?

모두의 생명이 위험한 경우 가급적이면 다수를 구하는 것이 좋은 일이지만 그것이 개인의 권리를 침해하며 이루어지는 것은 옳지 못하다. 그럼 남은 유일한 가능성은 모두가 함께 죽음을 기다리는 것이다. 동의가 이루어지지 않은 상태에서 한 사람을 죽임으로써 생존을 위한 먹이로 삼는 행위는 정의롭지 않기 때문이다. 결국 어느 누구도 타인의 생존을 위해 자신을 희생하려는 사람이 없을 경우 각자의 존엄성을 유지하며 죽는 것도 하나의 대안이 될 수 있을 것이다. 정의는 인간이 짐승이 아닌 인간으로 남을 수 있게 해주는 최소 도덕이자 문명인의 마지막 보루인 것이다.

짐의 선택

트루먼 대통령과 앤스콤

삶은 매번 우리에게 선택을 요구한다. 특히 선택의 결과가 다수의 이익이나 심지어 타인의 생명과 관련된 것일 경우 우리의 선택은 보다 신중하게 이루어질 수밖에 없다. 그 선택에 대한 도덕적 평가가 달라질 수 있고, 더 나아가 그에 따른 법적 책임성의 문제가 수반되기 때문이다.

1956년 영국의 옥스퍼드 대학은 미국의 33대 대통령인 해리 트루먼Harry Truman에게 명예박사 학위를 수여하기로 결정했다. 트루먼 대통령이 1945년 8월에 히로시마와 나가사키에 원자폭탄을 투하하여 2차 세계 대전을 종식시킨 데 기여했기 때문이다. 그런데 이 대학의 한 여학생이 트루먼 대통령에게 명예박사 학위를 주는 것에 대해 강력하게 반대하고 나섰다. 엘리자베스 앤스콤Elizabeth Anscombe이라는 이 학교 철학과 학생이었다. 그녀는 원자폭탄 투하를 지시한 트루먼 대통령에게 옥스퍼드 학위를 수

여한다면 앞으로 히틀러나 스탈린과 같은 사람도 명예학위를 받을 수 있다고 항변했다. 〈어떤 목적을 달성하기 위한 수단으로 무고한 사람들을 죽이기로 선택하는 행위는 어떤 경우에도 살인이다〉라는 주장이었다.[14] 트루먼 대통령은 폭격 결정에 대해 자신의 선택이 옳다고 생각했다. 원자폭탄을 투하함으로써 전쟁을 빨리 끝낼 수 있었고, 결과적으로 죽은 사람보다 더 많은 사람의 목숨을 구했기 때문이다.

실상 트루먼은 루즈벨트Franklin Roosevelt 대통령이 사망함으로써 그 뒤를 이어 2차 세계 대전의 마지막 몇 달을 지휘했다. 그는 평소 여자나 아이들과 같은 민간인을 표적으로 폭격하는 것을 반대해 왔다. 그런데 결국 약 24만 명 이상의 일본인 민간인이 죽게 되는 원자폭탄 투하를 명령한 것이다. 과연 그의 선택을 어떻게 평가해야 할까? 우리의 직관은 트루먼 대통령이 전쟁을 빨리 종식시켜 더 많은 사람의 목숨을 구했기 때문에 세계 평화 정착에 기여한 것으로 생각한다. 그러나 앤스콤의 주장에 따르면 트루먼의 원폭 투하 명령은 용기 있는 행위가 아니라, 아기를 끓는 물에 던지는 것과 같은 해서는 안 되는 일이었다. 설사 트루먼이 더 많은 사람의 목숨을 구했다 하더라도 그 과정에서 무고한 사람을 고의적으로 살해해서는 안 된다는 신성불가침의 원칙을 어겼기 때문이다. 트루먼과 앤스콤 각각의 주장에 대해 우리는 어떤 평가를 할 수 있을까? 누가 우리의 도덕적 직관에 부합하는 정의로운 선택을 한 것으로 볼 수 있을까?

이제 살펴보려고 하는 가설적 상황 역시 예기치 않은 불행한 상황에 직면하게 된 불쌍한 짐Jim에 관한 이야기다. 버나드 윌리엄스Bernard Williams라는 학자가 생각해 낸 짐의 선택에 관한 가설적 상황은[15] 내용을 잘 들여다보면 얼마든지 현실적으로 발생할 수 있는 일이란 것을 알 수 있다. 작금의 IS 테러 단체의 인질 협박 사건이나 과거 2004년도에 이라크에서 피랍된 김선일 씨 인질 협박 사건도 선택의 주체가 개인인가 국가인가의 차이는 있지만, 크게 보면 짐이 처한 상황적 맥락과 유사한 점이 많기 때문이다.

식물학자 짐과 선택 상황

식물학자 짐이 처한 상황을 간단하게 소개하면 다음과 같다. 짐은 남아메리카를 여행하던 중 어느 조그만 마을의 중앙 광장에서 몹시 공포에 찬 얼굴을 한 20명의 인디언들이 벽에 묶여져 있는 것을 목격한다. 거기에는 카키색 군복을 입고 기관총과 칼로 무장한 몇 명의 사람들이 있었고, 그들 중에는 병사들을 통제하는 몸집이 큰 대장이 있었다. 그 대장은 식물 채집 탐사를 하다가 우연히 광장에 오게 된 짐의 이야기를 듣고, 최근 정부에 대항하여 항의 시위를 한 인디언들에게 그러한 행위가 이익이 되지 않음을 경고하기 위해 그들 중 몇 명을 죽이려던 참이라고 말했다. 그런데 무장병들의 대장은 짐에게 그가 다른 지역에서 온 명예로운 방문자이기 때문에, 죽게 될 인디언들 중 1명을 죽일 수 있는 특별한 기회를 주겠다고 제안한다. 〈만약에 당신이 그 제안을 받아들이면 다른 인질들은 풀어줄 테지만, 거절하면 예정대로 페드로(부하 병사)가 인질 모두를 죽이겠다〉는 것이다. 짐은 자신에게 총이라도 한 자루 있다면 대장과 페드로 그리고 무장 대원들을 모두 붙잡고 협박해 볼 수 있을 것으로 생각해 보지만, 그러한 행동은 인질들 모두와 자신의 죽음을 의미할 뿐임을 이내 깨닫는다. 붙잡힌 인질들과 마을의 다른 인디언들은 이 상황을 이해했고, 모두가 한결같이 짐에게 대장의 제안을 받아들일 것을 간청한다. 자, 이런 상황에서 짐이 어떤 선택을 하는 것이 올바른 행위일까?[16]

인질들이 죽을 운명에 처한 상황에서 짐의 선택은 정의의 문제와 밀접하게 관련된다. 짐이 무장군 대장이 제안한 두 가지 경우 중에서 하나를 선택해야만 하기 때문이다. 상황을 좀 더 쉽게 이해하기 위해 이때 잡힌 인질들을 20명으로 잡아 보자. 그렇다면 짐에게 주어진 선택은 인질 중 1명을 죽이고 19명을 살리든지, 1명을 죽이는 것을 거부하고 20명 인질 전원을 모두 죽게 하는 두 가지 경우 중 하나가 된다. 짐이 어느 제안을 선택하느냐에 따라 1명의 인질이 죽을 수도, 아니면 20명의 인질 전원이 죽을 수도 있다. 이 경우에 짐이 어떻게 하는 것이 올바른 행위일까?

공리주의 원칙과 자기 충실성Integrity[17]

일단은 공리주의적 관점에서 문제에 접근해 볼 수 있다. 최대 다수의 최대 행복의 원칙을 주장하는 공리주의자들에게 짐이 어떤 것을 선택해야 할지는 분명하다. 그것은 가능한 한 많은 사람을 살리는 쪽이다. 죽는 수보다 살아남는 수가 더 많아야 하는 것이다. 이 경우 1명의 인질을 죽이고 나머지 19명을 구하는 선택이다. 아마도 공리주의자들은 짐이 고심 끝에 악수(惡手)를 둠으로써 20명의 인질들이 모두 죽는 결과를 초래해서는 안 된다고 조언할 것이다. 이처럼 1명이 희생됨으로써 19명을 구하는 선택이 이루어져야 한다는 공리주의자들의 주장은 우리가 갖고 있는 통념 내지 상식에 부합한다는 점에서 설득력이 있다. 동일하게 위험한 상황에 처한 사람들에게 생명은 똑같이 소중한 것이기 때문에 다수의 생명을 구하는 선택은 직관적으로 올바르게 여겨지기 때문이다.

그런데 여기서 한 가지 물음을 던질 수 있다. 그것은 정작 이러한 선택을 해야 하는 짐은 어떤 생각을 갖고 있는가 하는 것이다. 즉 무장군의 대장이나 인질들 또는 인질 가족들의 관점이 아닌 짐의 관점에서 상황에 대한 평가가 별도로 이루어질 수 있다는 것이다. 만약 짐이 〈어떠한 경우에도 살인을 해서는 안 된다〉는 도덕적 원칙을 가지고 있는 사람이라면, 공리주의적인 원칙에 따른 선택은 짐 자신의 삶의 원칙과 도덕적 신념에 심각한 침해를 가져오는 문제를 발생시킬 수 있다. 인질을 1명 죽임으로써 19명을 살리는 선택은 이 원칙을 위반하기 때문이다. 어떤 경우에도 타인의 생명을 의도적으로 빼앗아서는 안 된다는 원칙을 강한 신념으로 삼고 있는 짐에게, 비록 그것이 1명이라도, 인질을 죽이는 것은 쉽게 받아들일 수 없는 선택인 것이다. 요컨대 짐의 도덕적인 의미의 자기 충실성integrity에 문제가 생기는 것이다.

인테그리티, 즉 자기 충실성은 한 개인이 어떠한 외적인 강제 속에서도 믿고 지지하는 도덕적 원칙과 신념에 대한 충실성이다. 한 개인의 강한 도덕적 신념으로서 자신의 인생이나 가치관의 내적 구성 요소가 된다. 예를 들어 〈어떤 경우에도 살인을 해서는 안 된다〉나 또는 〈거짓말을 해서는 안 된다〉와 같은 도덕적 원리에 대한 신념이 있을 수 있다.

삶에 대한 자기 충실성 또는 자기 헌신성으로서의 인테그리티는 그렇기 때문에 한 개인이 자신의 삶의 방식을 기획하고 규정짓는 세계관 내지 가치관의 핵심적인 원리가 된다. 앞서 가정에 따라 짐 역시 인테그리티가 강한 소유자이며, 살인 금지의 원칙은 그러한 도덕적 신념 중의 하나라고 해보자. 짐 역시 어떤 식으로든 다수의 생명을 구하고자 하는 〈착한 사마리안Good Samaritan〉이 되고 싶은 마음은 분명 있을 것이다. 그러나 인질 중의 1명을 자신의 손으로 직접 죽이는 행위는 짐에게 분명 자신의 인테그리티를 저버리는 행위다. 1명의 인질을 죽임으로써 다수를 살릴 수 있는 공리주의적 행위가 짐의 도덕적 인테그리티와 상충하는 것이다. 공리주의자들의 주장처럼 1명의 인질을 죽여 19명을 구하는 것이 상식에 맞지만, 한편으론 그러한 행위가 짐에게는 도덕적 메스꺼움 내지 거부 반응을 일으키는 문제가 된다.

짐의 선택과 관련하여 공리주의적 원칙과 인테그리티의 원칙 사이의 충돌이 불가피한 것으로 보인다. 그렇다면 과연 우리는 짐에게 어떤 선택을 권할 수 있을까? 이제 불쌍한 짐을 이와 같은 딜레

마적 상황에서 어떻게 구출할 수 있는지 함께 고민해 보도록 하자.

협박에 의한 행위

짐의 선택과 행위는 앞에서 논의한 홈스나 로저 윗모어의 경우와 비교해서 어떤 차이가 있는지 종합적으로 생각해 볼 필요가 있다. 일단은 공리주의적 원칙과 인테그리티의 문제를 풀어 갈 수 있는 가능성을 짐의 행위 자체에 초점을 맞추어 시작해 보도록 하자. 즉 짐이 대장의 제안을 수용하여 총으로 인질 1명을 쏘아 죽이는 행위를 살인으로 볼 수 있는가에 관한 것이다. 만약 검토를 통해 짐이 인질을 죽이는 행위를 의도적인 살인 행위로 보기 힘들다는 근거가 확보된다면, 짐의 인테그리티의 원칙이 훼손되지 않으면서도 19명을 구할 수 있는 해결책이 마련될 수 있는 여지가 생긴다. 그러면 짐이 자신의 손으로 1명을 쏘아 죽이는 행위는 어떤 근거에서 살인 행위가 아닌 것으로 볼 수 있을까?

짐이 인질을 총으로 죽이는 행위를 강요에 의한 행위로 보면 어떨까? 여기서 강요란 명시적이지는 않지만 간접적인 협박이 이루어지는 분위기 속에서 짐의 선택이 이루어진 경우를 말한다. 이 경우 짐이 총을 쏘는 행위를 일반적인 살인 행위로 보긴 힘들 것이다. 협박에 의한 강요의 경우로 다음의 두 가지를 가정해 볼 수 있다. 하나는 무장군의 대장이 자신의 제안을 받아들이지 않을 경우 더 많은 인디언들을 죽이겠다는 암시가 있었을 경우다. 예를 들어 대장이 짐이 제안을 거절한 것에 모욕감을 느끼고 화가 나서 20명 이외에 추가로 더 많은 인디언들을 죽이는 잠재적 위험을 생각해 볼 수 있다. 다른 하나는 짐이 제안을 거부하여 인질이 모두 죽게 될 경우, 인질로 잡힌 20명의 가족들과 친구들이 분노하여 짐을 죽일 수 있는 위협적인 분위기가 조성된 경우다.

그러면 짐이 대장이나 인질 가족의 이런저런 직간접적인 위협 속에서 두려움을 느껴 인질 1명을 죽일 경우, 이 행위는 강요에 의해 이루어졌기 때문에 살인 행위로 간주하지 말아야 하는 걸까? 분명 강요에 의해 이루어진 행위를 엄밀한 의미의 의도적이며 계획된 살인과 동일한 것으로 보기는 어려울 것 같다. 인질을 죽이는 행위의 궁극적인 원인을 짐이 아닌 대장이나 인질 가족과 같은 외적인 데서 찾을 수 있기 때문이다. 예를 들어 폭군에게 가족을 인질로 잡힌 사람이 폭군이 지목한 정적(政敵)에 대해 살인 명령을 실행했을 경우, 그 행위를 자발적인 것으로 보기는 어려울 것이다. 분명 자발적으로 이루어진 살인 행위와 협박에 의한 살인 행위는 동일한 것으로 보기 어렵다.

그러나 아리스토텔레스에 따르면 협박과 같은 외적인 강제에 의해 이루어진 행위라고 해서 그 책임이 면제되지는 않는다.[18] 설사 살인 행위가 외적인 협박에 의해 이루어졌다 하더라도 죽이고자 하는 선택과 결정은 살인 행위를 한 사람 자신에게서 찾아져야 하기 때문이다(이 책 4부 중 「부정의한 국가와 정의로운 인간」 편 참조). 물론 외적 강요에 의한 살인이기 때문에 그것이 행위 주체의 자발성에 의해 이루어진 것은 아니다. 하지만 중요한 것은 강요된 상황에서 그것을 거부할 것인가 아니면 따를 것인가의 결정권은 행위자 자신에게 있다는 사실이다. 다시 말해, 앞의 폭군의 살인 명령을 받아들일 것인가 아니면 거절할 것인가의 선택은 가족의 가장에게 달려 있는 것이다. 그가 폭군의 제안을 받아들여 정적을 죽였을 경우 가족은 생명을 구할 수 있지만, 동시에 그 행위는 정의롭고 좋은 나라를 실현하는 데 역행하는 결과를 가져올 것이다. 반대로 폭군의 제안을 거부했을 경우 가족은 죽을 수 있지만, 폭군에 대항할 수 있는 사람의 생명이 구해짐으로써 그 사회는 폭정으로부터 벗어날 수 있는 가능성이 높아질 것이다. 어느 것을 택할 것인지는 인질로 잡힌 가장의 결정과 행동에 달려 있지 폭군에게 달려 있는 것이 아니다.

마찬가지로 짐이 인질 1명을 죽였을 경우 그것은 짐의 선택과 결정에 의한 행위로 보아야 한다. 설사 무장군의 대장이나 인질 가족이 짐에게 위협을 가했더라도 총을 쏜 행위 주체는 짐이지 다른 사람이 아니다. 짐이 협박에 의해 총을 쏘았더라도 그것은 그의 살인 행위가 되는 것이다. 짐은 그 누군가로부터 살인을 할 수 있는 허가증license을 받은 것이 아니며, 살인 행위에 대한 선택권은 짐 자신에게 있는 것이다. 그런 점에서 강요된 상황 속에서도 짐은 자유롭게 선택할 수 있는 자율성을 가진 존재라고 할 수 있다. 만약 짐이 강요에 의해 인질 1명을 죽인 것이 정당화된다면, 강요의 정도가 높을수록 또 강요의 요구 사항이 많을수록 더 많은 사람에 대한 살인의 정당성 또한 강화될 것이다. 반복하지만 짐이 설사 협박에 의해 1명의 인질을 총으로 쏘아 죽였다 하더라도 그것은 여전히 살인 행위이며, 그러한 행위의 주체가 짐이라는 사실에는 변함이 없다.

이중 결과 원리를 통해

짐이 인질을 죽이는 행위를 부정의한 살인 행위로 보지 않을 다른 가능성은 없을까? 〈이중 결과 원리The Doctrine of Double Effect〉에 근거한 변호 시도는 어떨까? 먼저 이중 결과 원리를 이해하기 위한 기초적 설명이 필요할 것 같다.[19] 이중 결과 원리는 이탈리아의 신학자 토마스 아퀴나스Thomas Aquinas가 정당방위 살인이 허용되는 논거로 처음 제시했다. 그에 따르면 한 행위를 통해 좋은 결과와 나쁜 결과가 동시에 또는 연속해서 나타날 수 있다. 이때 나쁜 결과가 예견되긴 하지만 좋은 결과를 의도해서 행해진 일의 경우, 이 행위는 허용될 수 있다는 것이다. 이중 결과 원리는 크게 네 가지 조건을 충족시켜야 한다. 첫째, 행위 자체가 도덕적으로 선하거나 적어도 중립적이어야 한다(조건 1). 둘째, 나쁜 결과가 아닌 좋은 결과를 의도해야 하며, 나쁜 결과는 다만 예견될 뿐이다(조건 2). 셋째, 좋은 결과는 행위 자체로부터 기인해야지, 나쁜 결과로부터 생겨서는 안 된다(조건 3). 마지막으로 좋은 결과는 나쁜 결과보다 더 바람직하고 좋아야 한다(조건 4). 이러한 네 가지 조건들은 이중 결과 원리가 엄격하게 적용되어야 함을 의미한다. 나쁜 결과를 발생시키지 않고도 좋은 결과를 달성할 방법이 있으면 그렇게 해야 한다. 또한 좋은 결과는 행위로부터 직접적으로 비롯해야지, 나쁜 결과를 수단으로 해서 좋은 목표를 달성하려고 해서는 안 된다.

예를 들어 의사가 자궁암에 걸린 임신부를 구하기 위해 태아를 낙태시키는 경우를 생각해 볼 수 있다. 임신부가 자궁 절제술을 받을 경우, 태아가 죽을 것이 결과적으로 예견되지만 이 경우엔 허용될 수 있다. 이중 결과 원리의 조건들을 충족시키기 때문이다. 암 조직을 제거하는 행위는 그 자체로 좋은 일이며(조건 1), 임신부와 의사 어느 누구도 태아의 죽음을 의도하지 않았기 때문이다(조건 2). 또한 임신부의 생명을 구하는 좋은 결과는 자궁 절제술에 의해 이루어졌지, 태아의 죽음을 통해 얻은 것이 아니다(조건 3). 마지막으로 임신부의 생명을 구하는 것은 적어도 태아의 생명을 구하는 것만큼 좋은 일이다(조건 4). 그렇다고 해서 낙태가 임신부의 생명을 구하기 위해 늘 허용된다고 오해해서는 안 될 것이다. 만일 의사가 염산 용액으로 양수의 성분을 변경함으로써 임신부의 생명을 구하고 이 때문에 태아가 죽게 되었다면 이러한 행위는 도덕적으로 허용될 수 없다. 낙태가 임신부의 생명을 구하기 위한 수단으로 이용되었기 때문이다. 태아를 제거하기 위해 그 신체를 훼손하는 것 역시 이중 결과 원리의 조건을 위반하기 때문에 허용될 수 없다.

그러면 이중 결과 원리를 갖고 짐의 행위를 판단하면 어떻게 될까? 일단은 짐이 인질을 19명을 살릴 수 있는 좋은 결과를 의도한다는 점에서 문제가 없어 보인다(조건 2). 또한 1명이 생명을 잃지만 19명의 생명을 구할 수 있다는 점에서 좋은 결과가 나쁜 결과를 능가한다(조건 4). 그런데 문제는 조건 1과 3이 충족될 수 있는가이다. 조건 1의 〈행위 자체가 좋은 것인가〉의 문제와 관련해서 짐이 1명의 인질을 총으로 쏘는 행위 자체를 좋은 것이나 적어도 중립적인 것으로 보기는 어렵다. 사람에게 총을 쏘는 행위는 어쨌든 나쁜 행위이기 때문이다. 조건 3 역시 충족되기 어렵다. 19명의 인질이 생명을 구할 수 있는 것은 행위 자체로부터 비롯되어야 하는데, 이것은 1명의 인질을 죽이는 나쁜 결과를 수단으로 해서 달성되고 있기 때문이다. 무엇보다 짐이 인질에게 총을 쏘는 행위는 인질의 죽음을 의도해서 이루어진다는 점에서도 그렇다. 이런 점들을 고려할 때 이중 결과 원리에 호소해서 짐의 행위를 살인 행위가 아닌 것으로 보려는 시도는 성공적이지 못한 것으로 보인다.

짐의 거절과 책임의 문제

앞에서 공리주의 원칙에 따라 짐이 인질을 1명 죽일 경우 그의 행위가 도덕적으로 허용될 수 있는지를 살폈다. 짐의 행위를 부정의한 행위로 보지 않을 가능성이 있다면, 그 원칙에 따라 19명을 구하는 것이 옳은 행위가 될 수 있는지를 검토했다. 그리하여 협박이나 이중 결과 원리를 통해 그 가능성을 타진해 보았으나, 그 결과는 별로 성공적이지 못한 것으로 나타났다. 그럼 이번에는 짐이 대장의 제안을 거절했을 경우 어떤 문제가 발생하는지 살펴보

자. 인질 1명을 자신의 손으로 쏘아 죽이는 행위가 살인 행위에 해당되고 그렇기 때문에 부정의한 행위로 간주될 수밖에 없다면, 짐에게 남겨진 대안은 대장의 제안을 거절하는 일이 될 것이다. 짐이 제안을 거절할 경우 그로 인해 20명이 모두 죽게 된다면 짐의 행위는 옳지 못한 행위이고, 따라서 그는 피할 수 있는 비극적 결과를 묵인하거나 방조한 부정의한 인간으로 규정되어야 할까?

첫 번째 반론: 이기적 인테그리티

짐이 대장의 제안을 거절해서 20명이 모두 죽었을 경우 그에 대해 짐에겐 책임이 없는가? 또는 1명을 죽임으로써 19명이 살 수 있었음에도 불구하고 제안을 거절한 것은 이른바 그의 〈도덕은행계좌moral bank account〉[20] 잔액을 줄어들게 하는 것처럼 도덕적인 죄의식을 증가시키진 않는가? 짐이 자신의 인테그리티, 즉 고상한 도덕적 원칙에 대한 신념을 견지하기 위해 자신의 손을 더럽히는 것을 거절하는 것은 지나치게 이기적인 생각이며 현실에 맞지 않는 행위는 아닐까?

이러한 비판적 물음들에 짐은 과연 어떻게 대응할 수 있을까? 이와 관련하여 짐이 제안을 거부한 행위와 그로 인한 결과 사이의 인과 관계를 판단해 보기로 하자. 다시 말해, 20명의 죽음의 원인이 짐에게 있는지를 규명하는 것이다. 먼저 짐이 인질 1명을 총으로 쏜 행위와 그 결과로 해당 인질이 죽게 된 결과 사이에는 직접적이며 분명한 인과 관계가 존재한다. 그러면 짐이 인질을 쏘는 것을 거부했을 경우는 어떻게 보아야 할까? 짐이 거부한 행위와

20명의 인질의 죽음이라는 결과 사이에도 분명한 인과적 관계가 성립하는 것으로 보아야 할까? 결론부터 말하면 짐이 거부한 것(원인)과 20명의 죽음(결과) 사이에는 직접적인 인과 관계가 성립하는 것으로 보기 어려울 것 같다. 이 경우 20명을 죽인 것은 짐이 아니라 대장과 그의 명령을 받은 부하로 보아야 하기 때문이다. 20명을 죽이기로 결정하고 실행한 것은 대장과 무장 군인들이지 짐이 아니다. 따라서 짐은 20명의 죽음에 대해 어떠한 책임도 질 수 없다고 주장할 수 있을 것이다.

이렇게 보아야 하는 중요한 이유는 20명 인질에 대한 생사여탈권이 애초 짐에게 있었던 것이 아니라 인디언들을 결박한 무장군 대장에게 있었기 때문이다. 하지만 짐이 대장의 제안을 받아들여 1명을 죽였다면, 그 1명에 대한 책임은 전적으로 짐에게 있는 것으로 볼 수 있다. 이렇게 생각하면, 짐이 포로들 중 1명을 쏘아죽이는 것을 거절했기 때문에 20명의 인디언들의 죽음을 막지 못한 책임까지 져야 한다는 공리주의자들의 비판은 지나치다. 만약에 대장이 〈짐, 자네가 내 제안을 거절했네. 이제 나에게는 선택의 여지가 없네. 모든 인디언들을 죽여야만 하겠네. 명심하게. 그들이 내 무장 대원들의 총탄에 맞아 죽도록 한 것은 전적으로 자네의 거절 탓이네〉라고 말한다면 그것은 참된 인과성의 원리에 맞지 않는 주장이다. 짐이 제안을 거절했기 때문에 그에게 20명의 죽음에 대한 책임이 있다는 주장은 어불성설이다.

두 번째 반론: 〈죽이는 것〉과 〈죽도록 내버려 두는 것〉의 차이

이에 대해 공리주의자들은 다시 어떤 반론을 제시할 수 있을까? 아마도 그들은 〈죽이는 것killing〉과 〈죽도록 내버려 두는 것letting die〉의 구분을 통해 반론을 시도할 수 있을 것 같다. 다시 말해 짐이 1명을 죽이는 것을 거절한다면, 결국 20명이 죽도록 내버려 두는 것과 다르지 않다는 것이다. 한 사람을 죽이는 행위와 20명이 죽도록 내버려 두는 행위에 어떤 도덕적 의미의 차이도 찾아볼 수 없다는 주장이다.

이러한 반론에 대해 짐은 자신의 제안 거절 행위를 어떻게 변호할 수 있을까? 무엇보다 〈죽이는 것〉과 〈죽도록 내버려 두는 것〉 사이의 구분이 짐에게 적용될 수 있는지를 따져 봐야 할 것 같다. 〈죽이는 것〉과 〈죽도록 내버려 두는 것〉의 구분이 적용될 수 있는지의 여부를 결정지을 수 있는 핵심적 기준은 20명의 죽음을 막을 수 있는 현실적인 힘이나 권력이 애초에 짐에게 있었는가 하는 것이다. 만약에 짐이 20명의 생과 사를 결정할 수 있는 힘을 갖고 있었음에도 대장의 제안을 거절했다면, 그는 20명의 죽음을 막을 수 있었는데도 그대로 방치했다는 책임을 면하기 어려울 것이다. 그러나 안타깝게도 짐은 이러한 현실적인 권력을 갖고 있지 못하다. 앞서 언급했지만 짐에게는 20명을 죽일 수 있는 직접적인 권력이 주어진 것이 아니다. 20명에 대한 생사여탈권은 처음부터 무장군 대장에게 있었다. 짐에게는 단지 대장의 제안을 거절할지 말지 양자택일을 할 수 있는 간접적인 영향력만 있는 것이다. 따라서 짐과 무장군 대장 사이의 인질들에 대한 통제력과 권력은 서로

짐의 선택 71

다른 것으로 봐야 한다. 그들 사이에는 생사여탈권에 대한 실질적인 권력에서의 비대칭성이 존재하기 때문이다. 20명의 인질의 죽음에 대한 책임이 짐에게도 있다고 보는 것은 공리주의자들의 지나친 주장이다.

세 번째 반론: 인질 수의 증가

공리주의자들을 향한 이러한 반론에도 불구하고 여전히 1명의 죽음과 20명의 죽음이라는 수적인 차이는 간과하기 어려운 것이 사실이다. 특히 살아남을 인질의 수가 증가함에 따라 짐이 인질 1명을 죽여야 할 선택의 무게는 증가할 것이다. 공리주의자들은 수의 차이를 가정해서 짐의 선택이 어떻게 이루어져야 하는지를 물을 수 있다. 한 경우는 2명의 인질이 있고, 대장이 짐에게 둘 중 하나를 죽이라고 하는 것이다. 짐이 제안을 거절하면 2명 모두 죽게 된다. 다른 경우는 200명의 인질이 있고, 짐이 그중 1명을 죽이면 199명을 풀어 줄 것이고, 그렇지 않으면 모두 죽인다는 가정이다.

논리를 더 확장시켜, 만약 1명을 죽임으로써 전 인류의 살상을 막을 수 있다면 어떤 선택이 이루어져야 하는지 물을 수도 있다. 아마도 우리가 짐과 같은 상황에서 1명을 죽임으로써 전 인류를 구할 수 있다면, 1명을 죽이고 상황을 매듭짓고자 하는 유혹을 강하게 느낄 수밖에 없을 것이다. 이런 상황에서조차 우리는 짐이 〈어떤 경우든 살인은 하지 말아야 된다〉라는 자신의 도덕적 충실성에 대한 소신을 절대적으로 포기하지 말아야 한다고 주장할 수 있을까? 여기서 공리주의자들은 짐의 인테그리티, 즉 자기 충실성이 일종의 〈자기 함몰적 결벽self-indulgent squeamishness〉[21]과 같은 개인적인 감정에 불과하다고 비판적 공격을 가할 수 있다. 짐의 인테그리티가 단순히 그의 독단적인 부정적 감정이 아니라 어디까지나 타인이나 사회와의 관계 속에서 형성된 도덕적 자아 개념이라면 공리주의자들의 주장은 쉽게 무시하기 어려운 것이 사실이다. 그리고 이러한 물음은 1명을 죽이는 것과 20명이 죽는 경우 중 〈덜 나쁜 악을 선택하는 것〉이 보다 합리적인 선택일 경우 더욱 그렇다. 1명을 죽여 전 인류가 살 수 있다면 우리의 선택은 1명의 희생이 덜 나쁜 악을 선택하기 위한 불가피한 것으로 생각할 것이다. 같은 논리로 한 사람의 인질을 죽임으로써 19명의 목숨을 구할 수 있는 경우, 짐이 합리적인 인간이라면 19명의 인질이 살 수 있는 선택을 해야 한다는 데 많은 사람들이 동의할 것이다.

인질 수의 증가를 통한 공리주의자들의 주장은 짐이 자신의 인테그리티를 어느 정도까지 견지할 수 있는지에 대해 회의적인 생각을 갖게 하는 것이 사실이다. 그렇다면 짐이 이러한 공격으로부터 자신의 입장을 방어할 수 있는 다른 논거를 제시할 수는 없을까? 잘 알려진 달리는 전차(電車) 문제trolly problem[22]와 한 의사가 5명의 환자를 살리기 위해 1명을 죽이는 경우의 사고 실험을 끌어와 이 문제를 다시 숙고할 필요가 있을 것 같다.

달리는 전차 문제의 경우, 이것을 해결하기 위한 여러 문제 상황이 제시되지만 가장 기본적인 경우를 들어 생각해 보기로 하자. 브레이크가 고장 난 전차가 중앙 선로에 묶여 갇혀 있는 5명을 향해 돌진하고 있다. 전차가 계속 질주한다면 5명이 치어 죽게 된다.

그런데 옆으로 빠지는 지선(支線)이 있고, 그 위에는 1명이 묶여 있다. 그리고 당신 앞에 선로를 바꿀 수 있는 선로 변경기가 있다. 당신이 어떤 선택을 하는가에 따라 두 가지 가능한 결과가 일어날 수 있다. 당신이 선로 변경기를 잡아당긴다면 전차가 지선으로 진로를 바꾸게 되고 1명이 치어 죽게 된다. 결과적으로 5명이 살 수 있다. 만약에 선로 변경기를 잡아당기지 않으면, 전차는 곧바로 달려 5명을 치어 죽일 것이다. 어떻게 할 것인가?

우연하게 선로를 지나가던 행인인 당신은 그러한 상황이 우연하게 발생한 것이기 때문에 아무런 조치도 취하지 않고 지나갈 수 있을 것이다. 거기에 어떤 조치를 취해야만 하는 의무가 당신에게 부여된 것은 아니기 때문이다. 그러나 우리의 도덕적 직관은 선로 변경기를 잡아당겨 달리는 전차를 지선으로 향하게 하여 5명을 살려야 한다고 명령한다.

그럼 이번에는 당신이 전차가 다니는 선로 위 육교에 서 있고 바로 옆에 1명의 뚱보가 있는 경우를 가정해 보자. 이 경우는 지선도 없고 선로 변경기도 없다. 하나의 선로가 있고 그 위에 다섯 명이 일하고 있다. 저 멀리 브레이크가 고장 난 전차가 다섯 명의 인부를 향해 폭주하고 있다. 다섯 명을 살리는 유일한 방법은 무거운 물체를 떨어뜨려 전차를 멈추는 것이다. 그런데 아무것도 모르고 서 있는 뚱보가 그런 역할을 할 수 있는 유일한 대상이다. 이 경우 당신은 선로 위의 5명을 살리기 위해 뚱보를 육교에서 밀어야 할까?

이 행위는 앞의 두 경우와 어떤 차이가 있는 것일까? 앞의 5명과 1명 중 누구를 살릴 것인가의 경우에서는 일반적으로 지선의 1명을 죽이더라도 주선의 5명을 살려야 되는 것으로 의견이 모아진다. 그러나 두 번째 육교 위의 뚱보의 경우에서는 뚱보를 육교에서 밀어 5명을 구하는 방식에 대해 부정적으로 생각한다. 왜 그럴까? 철학자나 심리학자, 뇌 과학자와 같은 많은 연구자들이 트롤리 문제에 뛰어들어 이 문제를 해명하고자 시도했다. 따라서 이에 관한 해석 역시 철학적, 심리학적, 뇌 과학적으로 다양한 버전이 제시되었다. 중요한 것은 많은 이들이 전자의 경우와 달리 후자의 뚱보를 떠미는 행위는 직접적인 살인 행위로 생각한다는 것이고, 이것에 강하게 거부 반응을 보인다는 것이다. 그런데 정작 중요한 물음은, 그러면 5명을 구하기 위해 선로 변경기를 잡아당겨 지선에 있는 1명을 죽이는 행위는 살인 행위가 아닌가 하는 것이다.

달리는 전차 문제를 좀 더 이해하기 위해 앞서 언급한 의사의 경우를 다시 살펴보자. 어느 병원에 5명의 환자가 있다. 두 명의 환자는 신장을, 세 번째 환자는 심장을, 네 번째 환자는 간을, 그리고 다섯 번째 환자는 폐를 이식받아야 살 수 있다. 어느 날 신체가 건강한 남성이 종합검진을 받기 위해 이 의사를 찾아왔다. 공리주의적인 원칙의 신봉자인 이 의사는 이 남성을 수술실로 데려가 5명의 환자가 필요한 장기를 모두 적출하여 이들에게 이식했고 이들은 이렇게 생명을 구할 수 있었다. 이 경우 우리는 1명의 남성을 죽여 5명의 환자를 살린 이 의사를 히포크라테스 정신에 충실한 명의로 칭송할 수 있을까? 아니면 건강한 한 남성을 죽인 살인범으로 법정에 기소해서 처벌을 받도록 해야 할까?[23]

달리는 전차 문제에서 선로 변경기를 잡아당겨야 할지 그대로 두어야 할지 고민하는 행인을 짐으로 생각해 보면 어떨까? 주선 위에 19명이 묶여 있고, 지선 위에 1명이 묶여 있다. 짐 앞에 선로 변경기가 있다. 짐은 어떤 선택을 해야 할까? 19명을 살리기 위해 1명이 묶여 있는 지선으로 선로 변경기를 잡아당겨야 할까? 아니면 아무런 조치도 취하지 않고 그대로 두어야 할까? 문제는 19명을 살리기 위해 선로 변경기를 잡아당겨 지선의 1명이 죽었을 경우, 그것을 살인 행위가 아닌 것으로 볼 수 있는가 하는 것이다. 마찬가지로 앞서 언급한 육교 위의 뚱보를 밀어 떨어뜨리는 경우를 짐과 관련시켜 생각해 보자. 짐이 육교 위에 서 있다. 19명이 묶인 선로를 향해 폭주하는 전차를 멈추기 위한 유일한 방법은 짐이 그 앞에 서 있는 뚱보를 밀어 떨어뜨리는 것이다. 이 경우 짐은 분명 뚱보를 죽인 살인범이 되는 것이다. 설사 19명이 짐 덕분에 생명을 구하게 되더라도 말이다.

의사나 육교 위의 뚱보의 경우가 짐의 상황과 동일하다고는 얘기할 수 없지만, 관점에 따라서는 유사한 상황으로 읽힐 수 있다. 다시 말해 공리주의자에게는 1명의 건강한 사람을 죽이는 행위나 뚱보를 미는 행위나 모두 다수의 사람들을 구한다는 점에서 올바른 선택이고, 같은 맥락에서 짐이 1명을 죽여 19명을 구하는 것도 올바른 선택인 것이다.

그러나 공리주의자들이 간과하고 있는 중요한 사실이 하나 있다. 그것은 이러한 선택을 한 의사나 육교 위의 행인은 명백하게 살인자가 된다는 사실이다. 마찬가지로 만약 짐이 총을 집어 들어 1명을 죽인다면, 그것이 설사 19명을 구하는 선택일지라도 결코 부인할 수 없는 살인 행위다.

공리주의적 관점에서는 행위자가 고려되지 않는다. 공리주의자들에게 중요한 것은 행위의 결과이지 행위의 주체가 누구인지는 중요하지 않다. 다섯 명의 환자를 살리기 위한 의사나 육교 위의 뚱보를 밀어 선로 위의 사람들을 구하고자 하는 사람의 행위가 모두 구하고자 하는 대상에만 초점이 두어져 평가되듯이, 짐의 선택 역시 인질의 목숨에만 관심을 두고 있다. 공리주의자들은 우리에게 제3자의 관점에서 행위를 판단할 것을 요구한다.

인질 20명의 죽음에 대한 책임은 공리주의자가 말하는 이른바 우주적인 관점에서 보면 대장에게 있건 짐에게 있건 별 차이가 없다. 그러나 주어진 상황에서 행위를 해야 하는 1인칭 관점, 즉 행위자의 시각에서 보면 선택의 문제에 대한 평가는 달라질 수밖에 없다. 따라서 짐 자신이 일생에 걸쳐 소중하게 간직하고 지켜 온 도덕적 신념, 즉 살인 금지에 대한 인테그리티를 지키기 위해 1명의 인질을 죽이는 것을 거부하는 선택을 할 경우 20명의 죽음에 대한 책임을 짐에게 돌리는 것은 부조리하다. 공리주의자들이 주장하는 수적인 결과 판단이 짐의 도덕적 충실성의 원리를 무력화하거나 상쇄시킬 수 있는 도덕적 정당성을 확보하는 데 불충분한 이유가 여기에 있다.

네 번째 반론: 인질들이 자발적으로 원할 경우

지금까지 논의한 것들은 모두 짐의 선택과 행위를 어떻게 평가할 것인가에 초점이 맞추어졌다. 그런데 여기서 짐의 관점이 아닌 인질로 잡힌 인디언 원주민의 관점에서 상황을 재구성해 접근해 볼 필요가 있다. 즉 정작 20명의 인질들은 짐의 선택이 어떻게 이루어지길 바라는가 하는 것이다.

아무래도 인질 모두는 살기를 원할 것이고, 따라서 짐이 자신들 중 1명을 죽이는 선택을 함으로써 본인의 생존 확률을 높여 주길 바랄 것이다. 합리적으로 생각했을 때, 1명이 죽음으로써 19명이 살 수 있기 때문이다. 하지만 짐이 제안을 거절한다면 살 수 있는 가능성은 아예 없다. 요컨대 인질들이 운이 없는 1명으로 죽을 수 있는 가능성은 1/20, 즉 5퍼센트이지만, 짐이 제안을 거절하면 죽게 될 확률은 100퍼센트다.

합리적인 인질들이라면 한결같이 짐이 우두머리의 제안을 받아들이기를 요구할 것이다. 만약 짐이 이런 상황에서 자신의 인테그리티를 우선시하여 제안을 거절한다면 그들은 분노할지 모른다. 인질들에게 짐은 지나친 이기주의자나 도덕적인 결벽증이 과도한 자로 간주될 것이다. 이처럼 인질들 모두가 자신들 중 누군가를 짐이 죽여 주길 원할 때에도 이를 살인 행위로 간주해야 할까? 상대방의 의지에 반해서 죽인다면 그것은 분명 살인이다. 하지만 상대방이 자발적으로 죽기를 원해서 죽이는 경우도 살인 행위로 볼 수 있을까? 이것은 현실 속에서도 끊임없이 제기되는 물음으로서 간단한 문제가 아니다. 예를 들어 의료 윤리학에서 문제가 되는 의사의 조력에 의한 안락사 문제가 여기에 해당한다. 환자가 죽고 싶지만 죽을 수 없는 상황에서 의사가 환자의 죽음을 도와주는 것이 살인 행위인가 하는 논란은 아직까지 해결되지 않은 문제로 남아 있다.

다시 짐의 문제로 돌아오면, 설사 인질들의 자발적인 동의에 의한 살인이 도덕적으로 허용될 수 있다 하더라도, 그것이 짐으로 하여금 총을 쏘게 하는 도덕적 구속성을 갖는다고 보기는 어려울 것 같다. 도덕적인 허용 가능성이 곧 죽이는 행위 자체에 대한 정당성까지 갖게 하는 것은 아니기 때문이다. 다시 말해 인질들이 짐에 의해 죽기를 원했기 때문에 짐의 행위가 의도적인 살인이 아니라는 점에서 설사 도덕적으로 허용될 수 있다 하더라도, 짐의 행위 자체는 어쨌든 살인으로 간주할 수밖에 없는 것이다. 도덕적 허용이 어디까지 정당성을 확보할 수 있는지 명확한 판단을 내려 줄 수 있는 〈도덕 기계〉가 존재하지 않는 상황에서 우리의 도덕적 판단과 숙고가 요청되는 이유가 여기에 있다.

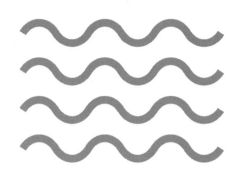

제2부

효와 정의,
무엇이 더 우선하는가?

공자의 효자와 소크라테스의 에우튀프론

효와 정의의 우선성

효와 정의는 동서양을 막론하고 인간과 사회 공동체의 중요한 보편적 윤리 규범이자 가치다. 특히 한국 사회는 전통적으로 충효 사상(忠孝思想)을 중요한 가치로 삼아왔다. 그리고 이때의 효가 부모를 공경하는 자식의 마음이라면, 충은 나라에 대한 시민의 올바른 마음이라는 점에서 정의와 그 의미가 상통한다. 이런 점에서 효와 정의는 양자 공히 가족과 국가의 원만한 조화와 질서 그리고 안정을 위해 작동하는 〈집단 내지 사회적 구성 개념〉으로 볼 수 있다. 그러나 양자의 공통점에도 불구하고 효와 정의는 그 영역과 관계 방식에서 각기 고유한 논리와 정서적 문법이 존재한다는 점에서 그 차이성 또한 주목할 필요가 있다. 효가 가정 내의 부모와 자식 사이에 작동하는 사적 영역에서의 중요한 가치라고 한다면, 정의는 사회 공동체 내의 시민들 사이의 조화와 결속을 가능케 해 주는 공적 영역에서의 질서 원리가 되기 때문이다. 이것은 특정한 구체적 상황에서 효와 정의가 충돌할 수 있음을 의미한다. 가정에서의 효자가 국가에서의 부정의한 시민이 될 수도 있는 것이다. 반대로 국가의 올바른 시민이 가정에서 불효자로 평가될 수도 있을 것이다.

부모에 대한 효를 실천해야 하는 효자가 동시에 국가의 의로운 시민으로서 요청받는 경우, 동일한 〈윤리적 행위 주체moral agent〉가 어느 가치를 더 우선해야 하는지의 문제가 발생할 수밖에 없다. 완벽한 호모 에티쿠스Homo Ethicus, 즉 윤리적 인간이라면 당연히 효와 정의를 조화시켜 효자이면서 정의로운 시민이 될 수 있겠지만, 현실은 끊임없이 두 덕이 충돌함으로써 우리가 효자가 되어야 할지 아니면 나라의 충성스런 시민이 되어야 할지를 선택해야 하는 기로에 서게 한다. 예컨대 한국 사회에서 한때 유교주의의 효 사상의 폐해와 역기능을 비판하면서 〈공자가 죽어야 나라가 산다〉라는 말이 세간에 회자되기도 했다.[24] 이와는 반대로 한때 군사 독재정권하의 중고등학교 교과서에서 소크라테스의 악법 준수 정신이 강조되면서 부정의한 국가에 대한 시민의 복종 의무가 과도하게 강조된 것도 사실이다. 효와 정의를 둘러싼 한국 사회에서의 담론을 고려할 때, 이 두 가치의 올바른 이해를 돕기 위한 검토는 의미가 있을 것으로 생각한다. 이제 이 문제를 각각 동양과 서양의 대표적인 철학자인 공자와 소크라테스 두 사람의 견해를 통해 접근해 보고자 한다.

공자와 맹자의 효 강조

먼저『논어』13권 14장을 보면 공자와 섭공의 다음과 같은 대화가 기술되어 있다.

섭공이 공자에게 말하기를 「우리 마을에 정직한 사람이 있으니 그의 아버지가 양을 훔치자, 아들이 고발하였습니다.」 그러자 공자께서 말씀하시기를, 「우리 마을에 정직한 사람이 있는데 그와 다릅니다. 아버지는 자식을 위하여 숨겨 주고, 자식은 아버지를 위하여 숨겨 주니 곧은 것은 그 가운데 있는 것입니다.」

위 인용문에서 섭공은 공자에게 자신이 다스리는 마을에 정의로운 아들이 있는 것을 자랑스럽게 말한다. 양을 훔친 아버지를 아들이 관가에 고발했기 때문이다. 그러자 이 말을 들은 공자는 정의로운 아들은 양 한 마리를 훔친 아버지를 관가에 고발하는 것이 아니라 숨겨 주는 것이라고 답한다. 공자는 일언지하에 정의의 의미를 효의 의미로 대체시켜 답하는 것이다. 이것은 공자가 정의보다 효를 우선시하기 때문이다. 정의를 우선시할 경우 양을 훔친 아버지를 고발하는 것이 올바른 행위이지만, 효의 관점에서 보면 그것은 자식으로서 해서는 안 되는 올바르지 못한 행위인 것이다. 공자에게 자식으로서의 적절한 행위는 정의로운 인간이 되는 것이라기보다 효자가 되는 것이다.

공자의 제자임을 자처한 맹자 역시 효의 중요성을 강조한다.

『맹자』편(7A35)에서 맹자와 그의 제자 도응은 다음과 같은 대화를 나눈다.

「순 임금이 천자이고 고요가 법관일 적에 순의 아버지 고수가 살인을 했다면 어떻게 해야 될까요?」

맹자가 말했다. 「법대로 집행할 뿐이다.」

「그렇게 하면 순 임금이 금하지 않겠습니까?」

「순 임금이 어찌 금할 수 있겠는가? 전해져온 법도가 있는데.」

「그렇다면 순 임금은 자식 된 도리를 어떻게 합니까?」

「순 임금은 천하를 헌신짝처럼 버리고 고수(아버지)를 몰래 업고 도망가, 바닷가에 거처하면서 종신토록 즐거워하며 천하를 잊었을 것이다.」

위 내용은 나라를 버리고 자신의 아버지를 업고 도망친 순 임금의 이야기다. 제자 도응이 맹자에게 순 임금의 아버지 고수가 살인을 했는데, 순 임금이 아버지를 법에 따라 처벌해야 하는지를 묻는 내용이다. 이에 대해 맹자는 순 임금은 나라의 통치자로서, 자신이 임명한 법관이 법에 따라 아버지를 벌주면 된다고 말한다. 다시 도응이 순 임금의 자식 된 도리를 문제 삼자, 맹자는 순 임금은 살인을 범한 아버지의 아들로서 아버지가 벌 받지 않도록 밤중에 업고 도망갔다고 답한다.

순 임금은 한편으론 한 제국의 왕의 본분을 지켜 살인을 행한 아버지를 정의의 이름으로 처벌받도록 해야 하지만, 다른 한편으론 아들로서의 의무인 효를 실천해야 하는 난처한 상황에 빠진 것이다. 이러한 도덕적 딜레마의 상황에서 맹자는 순 임금이 효를 정의에 우선시하는 실존적 결단을 내린 것으로 말한다. 즉, 자식으로서의 의무(효)를 나라에 대한 의무(정의)보다 우선시하여, 황제직을 버리고 밤중에 몰래 아버지를 업고 멀리 떠나 아버지에 대한 효를 행하면서 산 효자라는 것이다. 그리고 순 임금이 자식 된 도리로 행한 효의 실천이 그를 역사에 길이 남을 현군으로 칭송받게 한 이유 중 하나가 되었다는 설명이다.

위에서 살펴본 것처럼, 공자와 맹자는 효와 정의가 충돌할 경우 전자를 후자보다 우선해야 할 가치나 덕으로 본다. 물론 이것이 공자나 맹자가 다른 도덕적 가치들을 부정하는 것으로 이해되어서는 안 된다. 공자나 맹자에게 있어서도 인(仁), 예(禮), 지(知), 신(信) 그리고 의(義)와 같은 덕들은 분명 중요한 도덕적 덕인 것이 사실이다. 이러한 덕들은 인간 삶을 위한 보편적인 덕들로서 통치자나 효성스런 아들이 인간의 보편적인 이상을 실현하기 위해 갖추어야 할 중요한 덕목으로 강조되고 있기 때문이다. 특히 공자가 인(仁)의 실천 준칙으로서 정의, 즉 의(義)의 필요성을 강조한 것은 부정할 수 없는 사실이다. 예를 들어 공자는 〈군자는 천하의 일에 대하여 꼭 그렇게 해야 한다는 것도 없고, 정의로 해서는 안 된다는 것도 없으며, 의로움만을 따른다〉고 하면서 정의의 도덕적 힘을 중요하게 인정하고 있는 것이 사실이다. 또한 〈군자는 의를 가장 으뜸으로 삼는다〉는 말 역시 이러한 그의 신념을 반영한 것이라고 이해할 수 있다. 『효경』20장에서의 다음과 같은 말 역시 효의 실천에서 정의를 견지하는 것이 중요하다는 공자의 생각을 잘 말해 준다.

「자식으로서 아버지의 명령을 따르기만 하면 효라고 할 수 있습니까?」

「아버지에게 간언하는 자식이 있다면 그 몸이 불의에 빠져들어가지 아니한다. 그러므로 자식은 아버지의 불의를 간언하지 않으면 안 되고, 신하는 임금의 불의를 다투어 간언하지 않으면 안 된다. 그러므로 불의를 당했을 때 다투어 간언하지 않으면 안 되니, 아버지의 명령만 따른다고 어찌 효도라고 할 수 있겠는가?」

문제는 효와 의가 충돌할 경우, 그래서 불가피하게 둘 중 하나를 선택해야 될 경우다. 아무래도 공자나 맹자에게서 그것은 정의가 아닌 효에 우선권이 주어지는 것으로 보는 것이 타당하다. 공자 철학에서 정의의 실현은 어디까지나 부모와 친척에 대한 효의 원리에 의해 근거 지워진다는 점에서 그렇다. 즉 인이나 예 또는 의와 같은 덕들의 성취는 부모에 대한 효나 친척들에 대한 사랑에 근거할 때 가능한 것이다. 그래서 공자는 〈부모에 대한 자식의 효와 형제 간의 존중은 인간됨의 근본이다(『논어』 1:2)〉라고 말한다. 맹자 역시 〈인간됨의 실체는 자신의 부모를 섬기는 것이고, 의의 실체는 자신의 나이 든 형제에게 복종하는 것이며, 지혜의 실체는 이러한 두 가지를 알고, 그것에 어긋나지 않는 것이며, 예의 실체는 이러한 두 가지를 규제하고 돋보이는 것이다(『맹자』

4A:27)〉라고 말하면서 효가 인간됨의 근본임을 강조한다.

　이렇듯 공자와 맹자에게서 효는 정의에 앞서 따라야 할 자식의 기본적인 의무라고 할 수 있다. 자신의 가까운 부모나 친척을 보살필 수 없는 자는 경험적으로 보다 확장된 보편적인 의미를 지닌 의를 이해하고 그것을 실천하기 어렵기 때문이다. 〈무릇 효란 모든 덕의 근본이고, 교육과 학문의 근본이다(『효경』 1장)〉라는 말역시 이것을 뒷받침한다. 요컨대 효는 모든 덕의 뿌리가 되고, 다른 모든 덕들은 효로부터 발원되어 그 존재와 기능을 행사하는 것으로 이해될 수 있다. 곧 공자와 맹자에게 효는 일종의 척도가 되는 근본적 원리로서 정의를 포함한 다른 여타의 도덕적 덕들보다 우선하는 상위의 덕이다. 이것은 정의가 효의 실천을 어렵게 하거나 약화시킨다면, 공자에게서 정의는 불가피하게 포기될 수도 있음을 의미한다. 공자에게 효는 인간 삶의 최고의 목표이자 다른 모든 덕보다 우월한 덕이며, 인간의 탁월성으로 간주되는 다른 모든 덕들은 효로부터 발원하는 것이다.

소크라테스의 정의dikē 강조

　공자가 고대 중국 철학을 대표하는 철학자라면 약간 시기적으로 늦지만 서양의 고대 그리스를 대표하는 철학자는 소크라테스라고 말할 수 있다. 공자와 마찬가지로 소크라테스 역시 인간에 대한 관심을 갖고 인간의 영혼을 선과 정의로 정향(定向)시켜야 한다고 역설한 철학자다. 따라서 소크라테스에게 중요한 것은 인간을 인간답게 만들어 주는 것이 무엇인가에 대한 철학함이었고, 그것은 아레테aretē, 즉 덕에 따른 삶을 통해 가능한 것이었다. 소크라테스는 실로 자신의 일생을 시민들을 계몽시키기 위한 〈덕 교육〉에 바친 철학자라고 할 수 있다. 그러면 소크라테스는 효와 정의의 관계를 어떻게 보고 있을까? 소크라테스의 법에 대한 견해를 다루고 있는 플라톤의 대화편 중 『크리톤Kriton』을 고려하면 소크라테스는 아무래도 효보다는 정의를 우선시한 것으로 볼 수 있다. 그런데 효와 정의의 관계에 대한 소크라테스의 견해를 이해할 수 있는 플라톤의 또 다른 대화편이 있는데 『에우튀프론Euthyphron』이 그것이다. 이 작품에서 플라톤은 소크라테스가 에우튀프론이라는 젊은이를 만나 〈경건함to hosion, piety이란 무엇인가〉의 논제를 갖고 대화를 시도하는 장면을 기술하고 있는데, 그것은 에우튀프론과 그의 아버지 사이에 벌어진 흥미로운 사건에서 비롯한다.[25]

사건의 전말은 이렇다. 어느 날 에우튀프론이라는 청년의 아버지가 집안일을 시키기 위해 1명의 일일 노동자를 고용했다. 그런데 이 노동자가 에우튀프론의 아버지가 데리고 있는 집안의 노예와 싸움이 붙어 결국 노예가 죽게 되었다. 이에 화가 난 에우튀프론의 아버지가 이 노동자를 야외 구덩이에 가두었고, 이 노동자는 추위와 굶주림으로 결국 죽게 되었다. 이것을 목격한 아들 에우튀프론이 자신의 아버지를 살인죄로 고발한 것이다. 앞서 언급한 『논어』가 양 1마리를 훔친 아버지를 아들이 관가에 고발한 경우라면, 이 경우는 일종의 미필적고의(未必的故意)로 사람을 죽인 아버지를 아들이 고발한 사건이다.[26] 그러면 아버지를 시청 관가에 살인죄로 고발하고 나오는 에우튀프론을 만난 소크라테스의 반응은 어떠했을까? 소크라테스는 공자와 달리 아버지를 살인죄로 고발한 에우튀프론의 행위를 정의롭고 경건한 행위로 평가했을까? 아니면 자식된 도리를 저버린 부정의하고 불경건한 행위로 간주했을까?

일단은 소크라테스의 입장이 단적으로 에우튀프론의 견해와 동일한 것으로 볼 수는 없다. 하지만 소크라테스가 기본적으로 정의를 우선시하는 것으로 볼 수 있는 중요한 텍스트적 논거가 발견된다. 먼저 소크라테스가 에우튀프론의 주장, 즉 〈경건이 정의의 한 부분임〉을 인정한다는 것에 주목할 필요가 있다(『에우튀프론』, 12a~d). 소크라테스는 에우튀프론의 행동이 아버지나 신에 대한 존경의 관점에서 특정한 태도에 따라 이루어지지 않은 점을 문제 삼는다. 그리고 그 원인을 경건함에 대한 〈인식론적 숙고〉가 불충분한 데서 찾고 있다. 올바른 행위와 덕스러운 행위는 필히 그것에 대한 앎이나 지식에 따라 이루어져야 함을 강조해 온 소크라테스가 볼 때, 에우튀프론의 행위는 경건함에 대한 앎을 통해 이루어지지 않았기 때문이다.

그러나 간과해선 안 될 점은 소크라테스가 에우튀프론의 고발 행위에 대해 경건함을 구성하는 주요한 조건이 되는 정의로운 행위라는 점을 부정하지 않는다는 것이다. 경건함의 세 번째 정의로 제시되고 있는 〈경건한 행위는 기본적으로 정의로운 행위의 부분〉이라는 에우튀프론의 답변에 소크라테스가 동의하고 있다는 점이 이를 뒷받침한다. 이것은 에우튀프론이 아버지를 살인죄로 고발했다고 말을 한 후에 소크라테스가 아버지에 의해 죽임을 당한 사람이 아마도 친척일 것으로 말하는 데서도 가능할 수 있다. 소크라테스는 살인의 희생자가 당시의 아테네 정체의 법률 절차에 따라 보장된 친척이라면, 에우튀프론이 아버지를 고소하는 조치가 문제가 없는 것으로 생각하는 것이다. 문제는 죽은 희생자가 이방인인 경우 소크라테스 입장에선 쉽게 동의하기 어려운 점이 있는 것이다. 죽임을 당한 자가 친척인가 아니면 낯선 이방인인가를 구분하는 소크라테스에게 에우튀프론은 다음과 같이 되받아 묻는다.

소크라테스 님! 선생님께서는 살해된 사람이 남인가 또는 친족인가에 따라 어떤 점에서 차이가 있다는 생각은 하시면서, 살인자가 정당하게 살인을 했는지 또는 그렇지 못한지 이 점만을 유의해야만 한다고 생각하지는 않으시니 우습군요. 또한 만약에 그가 정당하게 살인을 했다면 그냥 둘 것이로되, 그렇지 못한 것 같으면 기소해야만 된다는 걸 유념할 필요가 있다는 것을 말입니다. 비록 그 살인자가 선생님과 같은 집에 기거하며 같은 식탁에서 밥을 먹는 사람이라 할지라도 그래야만 한다는 거죠. 왜냐하면 선생님께서 아시고서도 그런 사람과 같이 지낼 뿐, 기소를 함으로써 선생님과 그 사람을 정화하려고 하지 않으신다면, 그 더러움miasma은 마찬가지로 계속될 것이기 때문입니다(『에우튀프론』, 3e~4b).

에우튀프론은 아버지에 의해 죽임을 당한 자가 친척인가 아니면 이방인인가의 여부를 떠나 아버지의 행위가 부정의한 행위이기 때문에 살인죄로 고발하는 것이 정당화될 수 있다는 입장이다. 이에 반해 소크라테스는 친척을 살해한 경우 아버지를 고발하는 것은 인정될 수 있지만, 그것이 노동자와 같은 이방인인 경우는 좀 더 그 타당성을 따져 보아야 한다는 유보적 입장을 보인다. 이런 점에서 에우튀프론은 보편적 정의universal justice 내지 휴머니즘적인 정의관을 갖고 있는 것으로 볼 수 있다. 다시 말해 에우튀프론은 희생자가 여자든, 노예든, 이방인이든 상관없이 누군가에 의해, 설사 그것이 자신의 아버지에 의해 죽임을 당했을 때에도 그러한 살인 행위는 부정의한 행위로써 처벌받아야 한다는 강한 정의관의 입장을 갖고 있다. 반면에 소크라테스는 에우튀프론처럼 보편적 정의를 주장한 것으로 보기는 어렵다. 소크라테스는 혈연이나 계급과 같은 것을 고려하여 정의로운 행위일 수 있는지를 검토해 보아야 한다는 좀 더 제한된 정의관을 소유하고 있는 것으로 볼 수 있다. 중요한 것은 소크라테스가 에우튀프론이 주장하는 보편적 정의관을 공유하고 있지는 않지만, 제한된 조건하에서 에우튀프론의 아버지 고발 행위를 인정하고 있다는 점이다.

두 번째로 소크라테스에게서 정의가 효보다 우선시되고 있는 것으로 볼 수 있는 이유는 위 인용문 끝부분에서 언급된 미아즈마miasma, 즉 오염관과 관련된다. 미아즈마는 기본적으로 희랍인들이 갖고 있는 도덕적 관념이다. 이것은 일종의 초자연적인 전염병과 같은 것으로, 당시 희랍인들은 살인자에게 처벌이 이루어지지 않으면 그 살인자가 저지른 오염이 그와 접촉한 사람에게 옮아 결국 공동체 전체에 전염될 수 있다고 보았다. 곧, 미아즈마는 신들이 보낸 무서운 재앙으로 간주되었다.[27]

에우튀프론은 자신이 아버지를 고발한 행위가 기본적으로 공동체의 도덕적 오염을 막기 위한 행위임을 주장한다. 아버지의 살인 행위를 묵과하면 아버지의 부정의한 행동으로 인해 결과적으로 공동체 전체를 도덕적으로 오염시킬 수 있다는 것이다. 아버지의 살인 행위는 곧 아버지의 손이 도덕적으로 깨끗하지 않은 손이며, 그래서 이 더럽혀진 손을 공적인 기관에 고발함으로써 그에 합당한 처벌을 통해 정화되지 않으면 계속적으로 그 오염이 남아 공동체 전체를 도덕적으로 타락시킬 수 있다는 것이다. 이러한 믿음 때문에 에우튀프론은 아들인 자신이 아버지를 고소하여 공적인 차원에서 처벌받게 함으로써 자신과 아버지를 부정의라는 더러운 도덕적 오염으로부터 보호할 수 있다고 주장한다. 중요한 것은 소크라테스 역시 시민의 부정의한 행위에 의해 공동체가 도덕적으로 오염돼서는 안 된다는 입장을 공유한다는 것이다. 소크라테스는, 비록 에우튀프론처럼 〈노동자thetes〉의 인권을 포함한 〈보편적 정의〉의 주창자는 아니지만, 에우튀프론의 행위를 폴리스의 〈정치적 정의politikon dikaion〉의 관점에서 공동체의 안정과 〈행복eu zen〉을 보장하기 위한 필요하면서도 정당한 조치로 간주하는 것이다.

소크라테스가 효보다 정의를 우선시한 것으로 볼 수 있는 다른 근거가 플라톤의 다른 대화편에서도 발견된다. 소크라테스의 재판을 다루고 있는 『변론』편에서 소크라테스가 〈폴리스polis〉, 즉 국가의 법이 자신의 참된 부모임을 역설하는 것이 그 예다(『변론』, 50e). 특히 아테네의 자식으로서 소크라테스는 그의 생물학적 부모에게 잘못하는 것보다 나라의 〈정의dikē〉와 〈법nomos〉을 어기는 것이 더 나쁜 범죄라고 말한다(『변론』, 51c1~2). 소크라테스는 『변론』에서 철학적으로 검토되지 않은 삶은 살 만한 가치가 없으며, 이것은 다름 아닌 정의로운 삶과 일치한다고 말한다(『변론』, 38a, 36c). 그리고 그는 아테네 법정에서 자신이 정의에 따른 〈삶의 방식tropos tou biou〉을 일생에 걸쳐 실천해 왔다고 주장하면서 몇 가지 논거를 제시한다. 첫 번째 예는 아르기누사이 해전Battle of Arginusae에서 패배한 책임을 물어 아테네 장군들에게 행해진 집단 재판과 관련된다. 소크라테스는 장군들에게 적법한 재판은 집단 재판이 아니라 개별적인 재판이라고 생각하여, 자신이 나서 재판에서의 법 절차상의 부적합함에 대해 이의를 제기했다고 말한다. 다른 예는 30인 참주정에서 거류 외인 레온을 체포해 오라는 명령이 부정의한 것으로 판단하여 그것에 불복했다는 것이다(『변론』, 32a9~e1).

소크라테스가 정의에 대한 강한 신념을 고수하고 있다는 것을 우리는 플라톤의 대화편 『크리톤』에서도 확인할 수 있다. 감옥으로부터 탈출할 것을 권유하는 친구 크리톤에게 소크라테스는 자신의 탈출이 〈이성적인 논증logon didonai〉을 통해 정의로운 행위라고 판단되면 탈출하겠다고 말한다. 탈출은 그것이 정의로운 행위로 결론이 났을 경우에만 받아들이겠다는 것이다. 그리고 그는 국가의 실정법을 대화 상대자로 설정하여 탈출이 정당화될 수 있는지에 대해 논쟁을 벌인다.[28] 결국 소크라테스는 자신의 탈출이 아테네 민주정의 법에 일치되지 않는 부정의한 행위라는 결론에 이르게 된다. 이성적인 논증으로 검토한 결과, 탈출 행위가 정의롭지 않다는 걸 인정하고, 그에 따라 탈출을 포기하고 독약을 마시기로 결정한다. 소크라테스가 마음만 먹었으면 능히 탈출하여 목숨을 구할 수 있었음에도 불구하고 이를 거부한 데는 이렇듯 그의 정의를 중시하는 신념이 전제되었다고 말할 수 있다. 그리고 서양 지성사에서 그가 일종의 〈신성한 소sacred cow〉로 비유되는 데에는 그가 정의에 대한 신념을 단순히 말이 아닌 행동으로 보여주었다는 점과도 무관하지 않을 것이다. 요컨대 소크라테스에게 정의는 그의 철학함의 삶에서 가장 중요한 아르케archē[29]적 행위 기준이 된다고 말할 수 있다. 이것은 소크라테스에게 정의와 효가 충돌할 경우, 결국 정의가 효보다 우선한다는 걸 의미한다.

서양은 효보다 정의만을 우선시하는가?

효와 정의 중 효를 우선시할 경우 어떤 문제가 생겨날 수 있을까? 어떤 경우든 아버지가 살인을 했을 경우 그것을 묵과하는 공동체는 건강한 공동체로 인정받기 어려울 것 같다. 효를 절대적으로 우선시하는 사회는 온정주의가 만연하게 되어 건강한 공동체를 이루기가 어려울 것이 분명하기 때문이다. 서양의 버트런드 러

셀Bertrand A. W. Russell 같은 철학자도 철학사를 쓰면서 가장 이해가 안 되는 것이 공자와 맹자가 강조하는 효의 정신이라고 말한다. 서양인의 입장에서는 효를 중요시하는 태도가 비합리적이고 상식에 맞지 않기 때문에 선뜻 이해하기 어렵다는 것이다. 에드워드 사이드Edward W. Said가 말한 〈오리엔탈리즘Orientalism〉이라는 틀에서 보면 효 윤리 역시 문제가 있는 유교주의 문화의 일종이라고 볼 수 있다. 서양인들의 입장에서는 동양의 효 사상은 비합리적이고 가부장적인 권위주의를 반영한 비민주적인 사상이다. 이성보다는 감정이, 합리성보다는 정이, 국가보다는 가족이 우선시되고 있기 때문이다.[30]

그렇다면 효 사상을 우선시하는 동양은 비합리적인 문화를 가진 사회이고, 정의를 우선시하는 서양은 합리적인 문화를 가진 사회로 보아야 할까? 서양은 부모에 대한 효와 형제 간의 우애보다 항상 정의를 우선시해 온 사회일까? 이와 관련해서 미국 남북전쟁 때 남부의 장군이 되어 북군에 맞서 싸운 로버트 리Robert E. Lee 장군의 이야기를 간단하게 소개할까 한다.

리 장군은 남북전쟁 때 처음에는 북군의 링컨 대통령과 함께 노예 해방을 위해 싸운 인물이었다. 리 장군은 뛰어난 인격과 학식을 겸비한 존경받는 장군으로서 링컨으로부터 북쪽의 총대장을 맡아서 남쪽의 연방을 공격하라는 명령을 받았다. 그러나 리 장군은 〈나는 연방을 절대적으로 지지하지만 내 친척, 내 자식, 내 가정에 대항하는 편에 서지 못하겠다〉라고 말하면서 거절한다. 리 장군은 〈자신의 고향인 버지니아를 포함한 남부 연방이 해체되고

와해된다면 나는 고향으로 돌아가 우리 사람들의 비극을 함께 나누겠지. 나는 고향을 지키는 경우가 아니라면 칼을 빼 들지 않을 것이다〉라며 자신의 신념을 밝혔다. 링컨이 임명한 총대장군 직을 맡아서 자기 고향이 있는 남부를 공격할 생각이 없다는 것이다. 그리하여 리 장군은 남부로 내려가 남부군을 결성하고 총대장군이 되어 북부군과 전쟁을 치르게 된다.

리 장군의 이러한 행동을 어떻게 평가해야 될까? 효와 정의의 관점에서 보면 리 장군은 노예 해방을 위한 보편적 정의를 선택한 것이 아니라 효를 우선시하여 어머니가 계신 고향 버지니아를 위해 싸우겠다는 입장을 선택한 것이다. 그는 어머니와 자기 가족에 대한 의무, 지역사회에 대한 의무를 우선시한 것이다. 북군의 총대장으로서 노예 해방과 같은 보편적 인권을 실현하기 위한 정의의 길을 걷기보다는 자신의 가족과 고향에 대한 충성을 더 우선시한 리 장군을 미국 시민들은 어떻게 평가할까? 그가 죽었을 때 당시의 「뉴욕신문」은 리 장군을 남부의 위대한 장군으로 소개한 것이 아니라, 미국의 위대한 장군이었다고 쓰고 있다.[31] 리 장군의 이야기는 정도의 차이는 있지만 서양에서도 효와 정의가 충돌할 때 반드시 정의만을 우선시하는 것은 아니라는 사실을 알 수 있게 해준다.[32]

공자의 효와 소크라테스의 정의 이해하기

앞에서 살펴본 것처럼 공자는 정의보다 효를, 소크라테스는 효보다 정의를 더 우선시한다. 여기서 우리는 한 가지 질문을 던질 수 있는데, 그것은 〈왜 공자와 같은 대철학자가 오늘날의 관점에서 보면 비합리적이며 공적인 시민 의식에 부합하지 않는 효 사상을 강조했는가〉 하는 것이다. 나는 이 물음과 관련하여 공자와 소크라테스의 효와 정의에 대한 입장의 〈다름〉이 동일한 문제 의식 하에서 형성된 것으로 생각한다. 달리 말해 공자의 효 윤리와 소크라테스의 정의 윤리는 각각 고대 중국과 희랍에서 〈호모 에티쿠스〉, 즉 〈윤리적 인간〉을 만들기 위한 목적하에서 강조되었다는 것이다. 이를 위해 먼저 고대 중국에서의 〈가족 문화〉가 효 사상과 맺는 밀접한 관계를 살펴볼 것이다. 이어서 고대 희랍의 〈폴리스 문화〉가 정의 문화와 맺는 상관관계를 밝힐 것이다. 이러한 검토를 통해 두 문화가 어떻게 윤리적 인간을 만들기 위한 중요한 교육적 역할을 수행했는지 밝히고자 한다.

고대 중국의 가족인(家族人, Homo Domesticus)

〈효 사상〉은 각 문화마다 그 강조의 정도가 다를 수밖에 없지만, 고대 중국에서 효의 가치는 특히 중시된 것으로 보인다. 고대 중국에서 정의된 효의 유형은 크게 다섯 가지로 구분해 볼 수 있다. 첫째가 부모를 봉양하는 것이고, 둘째가 부모를 존경하고 부모에게 복종하는 것, 셋째는 자식을 출산하는 것, 넷째는 조상들에게 명예와 영광을 가져다주는 것이고, 마지막으로 죽은 부모를 슬퍼하고 제사를 지내는 것이다. 이 중에서 오늘날 서구 사회에서 쉽게 이해하기 어려운 효의 유형은 두 번째인 부모를 공경하고 부모에게 복종하는 것이다.

이와 관련하여 서양의 학자들은 〈효 도덕〉을 나름대로 해석하고 그것의 정당성에 회의적인 견해를 피력한다. 그중 대표적인 몇 가지 해석을 간단하게 소개하면 다음과 같다. 먼저 〈우정 내지 친애 모델friendship model〉에 따르면, 부모의 자식에 대한 자발적인 희생은 자식이 부모에게 호의를 요청하지 않았기 때문에 결과적으로 그것에 상응하는 의무를 발생시키지 않는다고 본다. 아이가 성장한 후 부모가 도움을 필요로 할 때, 자식은 우정과 사랑에 근거하여 부모를 돕거나 봉양할 수 있지만, 그것을 넘어 효의 의무까지 있는 것은 아니라는 주장이다. 다음으로 〈신중한 투자자 논증prudent investor thesis〉에 따르면, 부모는 미래의 노년의 이익을 위해 많은 고난과 역경을 견디면서 자식들에게 봉사하기 때문에 자식은 후에 이에 상응하는 봉양을 해야 한다고 본다.

상술한 서양 학자들의 효 사상에 대한 기본적인 이해의 공통점은 부모와 자식의 관계를 기본적으로 〈상호성reciprocity〉에 따른 〈이익 거래give and take〉의 관점에서 접근한다는 것이다. 달리 말해 부모가 노년을 대비하기 위한 자구책의 일환으로 효를 강조한다는 것이다. 그러나 공자의 효 사상은 이와는 다른 각도에서, 그 이상의 의미를 갖는 것으로 이해될 필요가 있다. 그것은 공자의 효 강조를 〈윤리적 인간〉을 탄생시키기 위한 교육적인 관점에서 접근하는 것이다. 즉, 효 사상을 윤리적 인간의 형성이나 도야를 위한 실천적 근본 원리로 이해하는 것이다. 이것은 효가 부모를 위한 타자 지향적인 덕으로 이해되기에 앞서 무엇보다 행위 주체, 즉 자식이 윤리적 인간이 되기 위한 〈자기 수양〉 내지 〈자아실현〉이라는 〈자기 목적적 실천 덕목〉으로 이해되어야 함을 의미한다. 그러면 이러한 윤리적 인간을 탄생시키기 위한 교육은 어디서 이루어지는 것일까? 공자에게 그것은 가족이라는 형태 속에서 이루어진다. 즉, 공자는 윤리적 인간을 만들기 위한 수양과 도야가 바로 가족이라는 공동체 속에서 가능한 것으로 본다.

　이와 관련하여 공자의 인(仁) 개념에 대한 이해가 함께 이루어질 필요가 있다. 왜냐하면 공자에게 있어 〈효는 인의 근본(『논어』 1:2)〉이자 〈효가 인의 요구 조건(『논어』 1:6)〉으로 제시되고 있기 때문이다. 달리 말해 공자에 따르면 어진[仁] 사람은 모든 사람을 사랑하는 자인데, 인의 첫 번째 실천이 바로 부모에게 효도하는 것이다. 이것은 효가 바로 자식의 첫 번째 의무가 됨을 의미한다. 그러면 자식은 왜 가장 먼저 부모에게 복종하고 부모를 사랑해야 할까? 이것은 바로 자식이 자신을 발견하는, 즉 도덕적 자기 수양이 시작되는 첫 번째 사회적 환경이 바로 가족이고, 부모가 바로 자식의 에토스ethos, 즉 성격 형성의 중심이 되는 존재이기 때문이다. 따라서 어진 사람이 되기 위해선 부모에 대한 인을 알아야 하고, 이것이 곧 효를 통해 이루어지는 것이다. 요컨대 자식이 부모를 존경하고 부모에게 복종해야 하는 이유는 그렇게 함으로써 무엇보다 자기 수양을 통한 자기완성이 이루어질 수 있고, 그래서 궁극적으로 윤리적 인간이 될 수 있기 때문이다.

이처럼 공자는 가정에서의 효를 통한 윤리적 인간의 탄생을 강조했으며, 이러한 그의 생각은 그가 처한 정치 현실 속에서 이해할 필요가 있다. 공자는 춘추전국시대에 활동했으며, 이 시기는 수많은 나라들이 군웅할거 하던 정치적 혼란기였다. 자고 일어나면 한 나라가 망하고 새로운 나라가 생기는 시대였다고 말할 수 있다. 공자는 바로 이런 혼란스럽고 무질서한 정치 상황에서 인간에게 절대적이며 확실한 원리가 무엇일까를 찾고자 고민한 철학자라고 할 수 있다. 무엇보다 전쟁을 통한 정복과 권력 찬탈을 목적으로 하는 국가나 제국의 차원에서는 공자가 기대하는 도덕적 인간의 탄생은 불가능했다. 그 대신에 공자는 인간의 삶과 도덕성이 담보될 수 있는 윤리적 공동체로 가족을 지목했다. 피로써 맺어진 가족이 가장 확실한 공동체의 단위가 될 수 있다고 본 것이다. 나라는 망해도 가족은 존재하기 때문이다. 가족만 살아 있으면 가족을 통해서 나라는 다시 만들어질 수 있는 것이다. 다시 말해 가족이든 국가든 그것은 인간을 온전한 의미의 도덕적 인간으로 만들어 줄 수 있어야 하는데, 공자는 이러한 호모 에티쿠스의 탄생이 가족이라는 공동체를 통해서 비로소 이루어질 수 있다고 본 것이다. 윤리적 인간의 도야와 육성이 국가보다는 가족 내에서의 교육을 통해 실현될 수 있다고 봤기 때문이다.

이처럼 공자와 맹자는 국가를 불신하며, 인간의 도덕적인 자아 형성, 자기 계발, 자기 도약, 자기 함양은 가족이라는 공동체에서 이루어질 수 있다고 믿었다. 맹자가 주장하듯, 중국 철학에서 〈제국의 뿌리는 국가 속에 있고, 국가의 뿌리는 가족에 있는 것이다.〉 그리고 가족에서의 도덕적 인간의 탄생을 근거 짓는 최고의 덕을 효로 본 것이다. 가족 내에서의 효의 교육을 통해 비로소 온전한 의미의 도덕적인 인간이 탄생할 수 있고, 그러한 효의 확장에 의해 비로소 국가와 더 나아가 세상의 평화와 행복이 달성될 수 있기 때문이다.

이상의 내용을 종합해 보자. 공자에게 있어 가족은 개인이 자신의 정체성과 자아를 실현할 수 있는, 효의 구체적인 실천이 이루어지는 첫 번째 공간이라 말할 수 있다. 그렇기 때문에 공자적인 의미에서 가족은 단순히 생존을 위한 생물학적인 필요만을 충족시켜 주는 공동체 유형으로 이해되어서는 안 된다. 그보다는 본질적으로 인간의 자아 형성과 정체성의 확립을 가능케 해주는 윤리 공동체로 이해되어야 한다. 공자에게 가족은 한 인간의 탄생과 성장, 늙어감이라는 생물학적 변화가 이루어지는 물리적 공간을 넘어 인과 효의 주체가 되는 윤리적 인간으로의 질적 변화와 이행이 이루어지는 정신적 공동체인 것이다. 개인은 가족 속에서 선한 사람이 될 수 있는 좋은 성품을 획득할 수 있기 때문이다. 그리고 공자에게 있어 좋은 성품은 바로 자식이 자신의 부모를 존경하고, 부모의 말에 복종하는 데서 나타난다. 그렇기 때문에 공자에게 효는 가족뿐만 아니라 국가까지 평화롭게 만들 수 있는 힘을 갖는 덕이다(『예기』10). 〈부모에게 효도하고 형제간에 우애가 있으면 그 영향이 정치에까지 미치기 때문에 이것 역시 위정(爲政)이다〉라는 공자의 말은 올바른 정치가 가족에서의 효에 근거해 이루어져야 함을 강조한 말로 이해할 수 있다.

고대 희랍에서의 폴리스적 동물politikon zōon

다시 소크라테스와 에우튀프론의 얘기로 돌아가 보자. 『에우튀프론』에서 두 사람이 보여 주는 정의관에 편차가 없는 것은 아니지만, 소크라테스 역시 효보다는 정의를 우선적으로 강조한다고 말할 수 있다. 소크라테스의 정의에 대한 이러한 견해 역시 당시의 정치·문화적 관점에서 이해할 필요가 있다. 헤겔Georg W. F. Hegel이 말한 것처럼 〈철학이 사고 속에서 시대를 포착한 것〉으로 볼 수 있다면, 이것은 소크라테스가 살았던 시대적 상황이 공자 시대의 정치적 내지 문화적 풍토와는 다른 데서 비롯한 것으로 볼 수 있기 때문이다. 특히 우리가 관심을 갖고 있는 부자(夫子) 사이의 효와 정의의 우선성 논제와 관련하여 고대 희랍인들의 〈시대정신zeitgeist〉이 당대의 문헌들에 어떻게 나타나고 있는지를 검토하는 것은 중요할 것으로 생각된다. 다행히 부자 사이의 효와 정의에 대한 관계를 이해할 수 있는 다양한 문헌학적 논거들이 당대의 시인이나 비극 작가들의 작품 속에서 심심치 않게 발견된다.

먼저 헤시오도스Hesiodos의 『신통기Theogonia』에 나타난 아버지 크로노스Kronos와 아들 제우스Zeus의 경우를 들 수 있다. 잘 알려진 것처럼 크로노스는 자신의 자식들을 먹어 치우는 비정한 아버지이며, 아들 제우스는 부정의한 행위를 일삼는 아버지 크로노스를 〈정의〉의 이름으로 응징한다. 제우스가 아버지 크로노스를 권좌에서 축출함으로써 카오스의 상태를 질서 있는 코스모스kosmos의 세계로 만든 정의의 대변자로 등장하는 것이다.

비극 작가들의 작품 역시 부자 사이의 윤리적 갈등에 관한 유용한 정보를 제공해 준다. 소포클레스Sophokles의 작품 『안티고네Antigone』에서의 아버지 크레온과 아들 하이몬의 갈등이 그것이다. 작품 속에서 아들 하이몬은 아버지 크레온의 안티고네 문제에 대한 판단이 비합리적이고 권위주의적이며 그래서 그의 행위가 왕으로서 보여 주어야 할 적절한 행위가 아님을 비판한다. 하이몬은 아들로서 아버지의 부정의한 명령에 대해 효에 따른 복종의 태도를 보여 주는 것이 아니라 정의의 이름으로 충언하는 것이다. 그리고 그가 아버지 크레온의 명령을 따르지 않고 끝내 자살을 선택하는 행위도 기본적으로 아버지에 대한 공경이나 효의 원리가 아닌 〈정의〉를 우선시한 선택의 결과로 볼 수 있다.

비극 작가 아이스킬로스Aeschylos의 『오레스테이아Oresteia』 삼부작에서 아들 오레스테스가 자신의 어머니 클리타임네스트라

를 대하는 태도도 주목할 만하다. 오레스테스가 어머니 클리타임
네스트라를 살해하는 정당화의 근거를 바로 정의에 두고 있기 때
문이다. 그리고 이러한 모친 살해죄라는 가족의 비극은 결국 폴리
스의 재판 제도라는 〈공적 정의(公的正義)〉를 통해 해결된다. 주
목할 점은 모친 살해죄에 대한 오레스테스의 불효 행위에 대해 아
테네 법정이 무죄로 판결한다는 것이다. 폴리스적 정의가 자식과
부모 간의 효와 정의의 우선성에서 정의를 더 우선시하는 것이다.
상술한 경우들은 고대 희랍의 전통적인 문화 속에서 정의가 효보
다 우선시되고 있음을 보여 준다.

　실상 고대 희랍인들의 정의 중시적인 멘탈리티mentality, 즉 사
고방식은 당시의 문학이나 철학 작품 속에서 어렵지 않게 발견할
수 있다. 대표적인 예가 호메로스의 『일리아스Ilias』이다. 이 작품
에선 야만인과 문명인의 중요한 차이로 정의를 기술하고 있다. 여
기서 야만인은 외눈박이 거인족인 퀴클로페스Kyklōpes를 가리키
는데, 그 이유는 이들이 바로 정의를 결여하고 있기 때문이다. 호
메로스는 이들이 각자 고립된 삶을 유지하면서 폭군처럼 가족을
지배하는 종족으로 묘사한다. 주목할 점은, 이들이 문명 공동체의
문명인이 아닌 야만인의 종족이 될 수밖에 없는 이유를 분쟁과 갈
등이 발생할 경우 이것을 평화적으로 해결할 수 있는 공동의 모임
장소인 아고라agora와 재판 제도 같은 정의의 원리가 결여된 데서
찾은 것이다.

　고대 희랍인들에게 정의라는 덕은 인간으로 하여금 야만인의
공동체에서 벗어나 문명 공동체를 이루게 하는 핵심적 원리가 된

다. 이를 뒷받침하는 중요한 전거는 플라톤의 대화편 『프로타고라스*Protagoras*』에서도 발견된다. 소크라테스와 덕의 교육 가능성 여부를 두고 논쟁을 벌이는 소피스테스sophistes인 프로타고라스는 덕이 가르쳐질 수 있음을 논증하기 위한 목적으로 유명한 제우스 신화를 인용한다.[33] 신화에 따르면 제우스는 인간들이 서로 싸우다가 공멸하지 않게끔 헤르메스 신에게 두 종류의 덕을 모든 인간들에게 분배하여 주도록 명령한다. 그 두 가지 덕이 바로 염치aidōs와 정의dikē다. 염치와 정의라는 두 개의 시민덕politikē aretē을 통해 인간은 비로소 서로 간에 친애와 조화를 실현할 수 있기 때문이다. 특히 정의는 일종의 외적인 규제 원리로서 인간들 사이에 갈등과 분쟁이 생겼을 경우, 그것을 폭력이 아닌 대화와 논쟁, 그리고 설득의 방식을 통해 평화적으로 해결하기 위한 정치적 덕이다. 호메로스와 프로타고라스는 이렇듯 인간이 짐승과 같은 야만인의 상태로 전락하지 않고 문명인으로 살아갈 수 있는 중요한 기준으로 정의라는 덕을 강조한다.

아리스토텔레스의 〈인간은 본성상 폴리스적 동물이다〉[34]라는 말 역시 고대 희랍문화에서 정의를 폴리스라는 정치 공동체와의 연관성 속에서 이해해야 하는 중요한 이유를 제시해 준다. 아리스토텔레스에 따르면 인간이 자신의 인생에서 추구하는 궁극적인 목적은 자족적이면서 잘 사는 삶이다. 그런데 이러한 인간의 목적이 되는 자족적이며 잘 사는 삶, 달리 말해 행복은 가족이나 마을과 같은 공동체 형태가 아니라 폴리스라는 정치 공동체 형태에서만 실현이 가능하다. 다시 말해 윤리적 인간이 탄생할 수 있는 터는 가족이나 마을이 아니라 국가라는 것이다. 가족이나 마을은 한 개인에게 어느 정도의 경제적 필요성을 충족시켜 줄 수는 있어도 도덕적인 삶의 방식을 받아들이거나 잘 사는 삶을 실현시켜 줄 수는 없기 때문이다.[35] 그래서 아리스토텔레스는 가족은 마을로, 마을은 다시 국가라는 공동체 형태로 이행해야만 한다고 말한다. 그리고 폴리스가 인간 본성이 추구하는 목적, 즉 윤리적 삶과 행복을 실현할 수 있는 공동체이기 때문에 그 구성원들은 〈자연적 존재〉가 된다고 말한다. 결국 인간 본성의 온전한 발현의 터는 가족이 아니라 국가가 되는 것이다. 여기서 중요한 것은 아리스토텔레스가 『정치학』 1권에서 정의를 국가 공동체의 질서를 유지하는 중요한 존립 원리이자 규제 원리로 강조한 점이다. 인간은 정의에서 벗어났을 때는 불경하고 야만적이며 색욕과 식욕을 밝히는 가장 사악한 동물이 되지만, 정의라는 덕으로 무장했을 때는 가장 훌륭한 동물이 될 수 있기 때문이다.

소크라테스의 견해는 『일리아스』나 프로타고라스 또는 아리스토텔레스의 정의에 대한 견해를 공유하는 것으로 볼 수 있다. 소크라테스의 철학함philosophein의 목표 역시 아테네 시민들을 〈호모 에티쿠스〉로 만드는 데 조준되어 있는 것으로 볼 수 있기 때문이다. 그는 자신의 철학함의 모토를 〈어떻게 살아야만 하는가pōs bioteon〉로 내세우면서, 그것을 선하고 정의롭게 사는 것이라고 답한다. 즉 소크라테스가 아테네 시민들과의 대화를 통해 성취하고자 한 것은 그들 각자를 윤리적으로 최고의 완성된 인간인 〈칼로카가토스kalokagathos〉, 즉 〈아름답고kalos〉 〈선한agathos〉 인간으로 만드는 것이다. 칼로카가토스한 사람은 소크라테스적인 의미에서의 〈호모 에티쿠스〉의 전형이 되는 인간상이다. 그리고 이렇게 윤리적으로 완벽한 인간은 소크라테스에게 곧 덕 있는 인간이며, 무엇보다 〈정의로운 인간ho dikaios〉이 됨을 의미한다.

소크라테스의 제자 플라톤이 그의 주저 『국가Politeia』에서 〈정의로운 나라he dikaia politeia〉의 탄생과 관련하여, 가족을 어디까지나 인간의 생존을 위한 필요를 충족시켜 주기 위한 단계로 묘사하는 것도 시사적이다. 더 나아가 국가의 정의를 완벽하게 구현하기 위해서는 처자식의 공유를 통한 가족 자체의 해체까지 역설하고 있는 점도 같은 맥락에서 이해할 수 있다. 처자식과 사적 재산의 소유는 철학자 왕과 같은 최선자(最善者)의 이성적인 통치에 걸림돌이 됨으로써 정의로운 국가를 건설하는 데 역기능으로 작용하기 때문이다.[36] 소크라테스가 정의를 우선시한 데는 이렇듯 〈선하고 정의로운agathos kai dikaios〉 도덕적 인간의 탄생이 폴리스라는 공동체에서 실현될 수 있다는 믿음을 전제한 것으로 볼 수 있다. 물론 소크라테스가 살던 아테네 민주정하에서 가족 제도가 존재했고, 가족 단계에서 어느 정도의 교육이 이루어진 것은 사실이다. 그러나 소크라테스에게 가족은 온전한 의미의 호모 에티쿠스의 탄생이 이루어지는 단계가 아니다. 호모 에티쿠스는 어디까지나 호모 폴리티쿠스Homo Politicus, 즉 〈폴리스적 동물politikon zōon〉로 이행할 때 가능한 것이다.

오리엔탈리즘Orientalism과 옥시덴탈리즘Occidentalism을 넘어

앞서 언급한 것처럼 고대 중국에서 가족은 단순히 생존을 위한 필요의 공동체라기보다는 효와 경건함이 중요시되는 효 윤리의 공동체다. 그리고 가족에서의 효 실천은 서양 문화에서처럼 단순히 부모와 자식 간에 주고받는 계산적인 목적을 위한 것이 아니다. 그것은 자식이 성인이 되는 데 있어 〈자기 수양〉과 〈자기 도야〉를 통해 궁극적으로 윤리적 인간을 완성시키기 위한 교육적 관점에서 이해되어야 한다. 공자나 맹자에게서 윤리적 인간의 탄생이 국법과 같은 정의의 원리에 의해 이루어지는 것이 아니라, 어디까지나 가족에서의 효와 인의 원리를 통해 이루어지고 있음에 주목할 필요가 있다. 공자의 효 교육을 통한 〈호모 에티쿠스〉의 완성이 〈호모 폴리티쿠스〉, 즉 〈정치적 인간〉으로서의 삶의 방식이 아닌 〈호모 도메스티쿠스Homo Domesticus〉, 즉 〈가족인(家族人)〉으로서 가능한 이유가 여기에 있다. 요컨대 공자에게 국가는 가족의 확장된 형태이며, 왕은 일종의 나라의 아버지로 간주될 수 있기 때문이다. 따라서 국가의 평화와 발전은 정의보다는 효가 기본이되어 그것의 동심원적 확장을 통해 가능하다고 보고 있다.

그러나 소크라테스가 생각하는 호모 에티쿠스의 탄생은 국가와 같은 폴리스 문화에서 가능하다. 이것은 소크라테스적인 의미의 훌륭한 시민은 가족 내의 사랑과 효 원리가 아닌 공적 영역에서의 규범적 덕이 되는 정의에 의해 가능함을 의미한다. 요컨대 공자가 법과 정의에 근거한 윤리적 인간의 도야 가능성에 대해 회의

적이었다면, 소크라테스는 정치적 정의와 법률nomoi을 통해 그것
이 가능하다고 보았다는 점에서 양자의 입장은 다르다. 공자에게
도덕적 인간은 곧 가족인이 됨으로써 가능했다면, 소크라테스에
게 그것은 폴리스적 인간이 됨으로써 가능한 것으로 볼 수 있다.

그러나 공자와 소크라테스 두 철학자가 추구한 공동의 목표 또
한 간과해선 안 될 것 같다. 그것은 공자의 가족 중심주의와 소크
라테스의 폴리스 중심주의가 양자 공히 〈윤리적 인간 만들기〉라
는 공통된 목표를 갖고 있었다는 점에서 그렇다. 효에 기반을 둔
가족 문화든, 정의에 기반을 둔 폴리스 문화든 양자 모두 도덕적
인간을 만들기 위한 공동의 목표를 갖고 있었다. 이것은 문화적
상대주의cultural relativism의 관점에서 효 윤리와 정의 윤리의 순
기능이 이해될 필요가 있음을 의미한다. 가족 중심주의적인 유교
문화의 유지와 발전은 정의가 아닌 효 원리가, 반면에 폴리스 중
심주의적인 희랍 문화에선 효가 아닌 정의 윤리가 호모 에티쿠스
를 만드는 주도적 규범이자 덕으로 작용했기 때문이다.

이것은 곧 공자의 효 윤리가 소크라테스의 정의 윤리보다 열등
하다는 의미로 이해되어서는 안 된다는 걸 의미한다. 공자의 효
윤리는 유교 문화 속에서, 소크라테스의 정의 윤리는 폴리스 문
화 속에서 각기 그 현실적 가치cash-value와 의미를 담보하고 있기
때문이다. 이런 점에서 공자의 효 윤리와 소크라테스의 정의 윤리
는 〈상호문화성interculturality〉의 관점에서 이해될 필요가 있다. 곧
효 문화와 정의 문화는 소위 지배론적 관점에서 타자의 문화를 보
고자 하는 오리엔탈리즘Orientalism과 옥시덴탈리즘Occidentalism

의 이분법적 구분을 넘어서는 것이다. 즉 오리엔탈리즘적인 관점에서 동양의 효 문화를 비합리적이고 열등하며 비도덕적인 것으로 보거나, 옥시덴탈리즘적인 관점에서 서양의 정의 문화를 비인간적이고 비정신적인 천박한 문화라고 보는 왜곡된 인식을 극복하는 것이다. 그렇지 않고 동양은 미개하고 서양은 진보된, 그래서 한쪽은 우월하고 다른 한쪽은 야만적이고 비합리적이라는 이분법적 이해 방식은 공자와 소크라테스가 인류에 기여한 사상사적 내지 문화사적 가치를 간과하는 오류를 낳는다. 공자와 소크라테스가 각각 강조한 효와 정의의 긍정적 측면은 우리가 오늘날에도 새롭게 적용하여 유의미만 가치로 받아들일 수 있는 통찰력을 갖고 있기 때문이다. 이처럼 공자의 효 윤리와 소크라테스의 정의 윤리는 상호 생산적인 문화적 소통의 가능성을 보여 준다. 따라서 우리는 효와 정의를 〈호모 에티쿠스〉라는 공통의 문화, 즉 초문화성transculturality의 좋은 모델이 될 수 있도록 그 가능성을 새롭게 모색할 필요가 있다.

정리하면, 공자와 맹자에게 도덕적 인간의 탄생은 가족을 통해서 가능하지만 소크라테스에게 그것은 폴리스적 동물로서만 가능하다. 이렇게 보면 공자와 소크라테스는 도덕적 인간 만들기라는 점에서 목표를 같이한다. 두 철학자는 윤리적 인간을 어떻게 만들 것인가를 고민했다는 점에서 기본적인 문제 의식을 공유하고 있는 것이다. 그리고 간과해선 안 될 점은 공자와 소크라테스가 효와 정의를 이분법적으로 분리시켜 생각하지 않았을 것이라는 점이다. 공자에게 부모를 공경하는 참된 의미의 효자는 결코 부정의한 인간이 될 수 없고, 마찬가지로 소크라테스가 염두에 둔 정의로운 아들은 결코 불효자가 될 수 없다. 본래부터 효와 정의는 〈도덕적 인간〉을 구성하는 〈인간의 덕〉으로서 하나의 뿌리에서 나온 것으로 볼 수 있기 때문이다. 다만 도덕적 인간이 되기 위한 실현 방식에서 공자는 효를 소크라테스는 정의를 우선시했다는 점에서 양자의 차이가 생긴 것이다. 고대 그리스에서는 폴리스라고 하는 국가 공동체 형태 속에서 윤리적인 인간의 탄생이 가능한 것으로 본 반면, 고대 중국 사회에서는 가족이라는 공동체를 통해서 그것이 이루어지는 것으로 보았기 때문이다.

효자는 부정의한 인간인가?

공자와 소크라테스가 살던 시대로부터 대략 3,000년이 흘렀다. 오늘날의 한국 사회는 효와 정의의 갈등이 있을 경우 어느 가치를 더 우선할까? 또는 어느 가치를 더 중시하는 것이 바람직할까? 공자나 맹자가 생각하는 것처럼 아버지의 부정의한 행위가 있더라도 아들은 효의 정신을 존중하여 그것을 덮어 주어야 할까? 아니면 소크라테스와 대화를 벌인 청년 에우튀프론처럼 아버지를 공적인 처벌을 받도록 해야 할까? 효와 정의가 충돌할 때 어느 가치를 더 우선하여 따를 것인가 하는 문제는 그리 쉽게 결정하기 어려운 게 사실이다. 단적인 예로 우리나라의 현행법을 들 수 있는데, 형법과 국가보안법에서 가족 내지 친족의 범죄에 대한 모순된 규정이 그것이다. 형법 제151조는 〈(1) 가족 내지 친족이 범죄를 저질렀을 때 이를 숨겨 주는 행위에 대해서는 처벌하지 않는다(범인 은닉과 친족간의 특례) (2) 친족 또는 동거의 가족이 본인을 위하여 전항의 죄를 범한 때에는 처벌하지 아니한다)〉라고 명시하고 있다. 그런데 국가보안법 제10조 불고지죄에서는 〈제3조, 제4조, 제5조 제1항·제3항(제1항의 미수범에 한한다)·제4항의 죄를 범한 자라는 점을 알면서 수사기관 또는 정보기관에 고지하지 아니한 자는 5년 이하의 징역 또는 200만 원 이하의 벌금에 처한다. 다만 본범과 친족관계가 있는 때에는 그 형을 감경 또는 면제한다(전문개정 1991. 5. 31)〉라고 규정한다.

내용을 분석해 보면, 말끔하게 해결되지 않는 이중적 잣대를 갖고 부모나 친족의 범법 행위에 대한 규정이 이루어지고 있음을 알수 있다. 풀어 설명하면 아버지의 범죄 행위를 은닉했을 경우 형법에서는 〈처벌하지 아니한다는 것〉이고 국가보안법은 그 형을 경감한다는 것이다. 다시 말해 국가보안법에서는 원칙적으로 자식을 불고지죄로 처벌하지만 범법자와의 관계를 고려해 양형 정도만 줄일 수 있다는 말이다. 여기서 감경한다는 말은 처벌한다는 말에 다름 아니다. 이처럼 국가보안법과 형법이 계속적으로 충돌하기 때문에 일각에서 국가보안법의 해당 조항을 폐지해야 한다는 말이 나오는 것이다. 형법은 공자의 효 사상을 반영하여 죄를 범한 아버지를 숨겨 주는 것을 자식의 올바른 행위로 보고 있고, 반면 국가보안법은 간첩 행위 같은 특정한 범법 행위를 한 아버지를 자식이 신고하지 않고 숨겨 주는 행위는 정의롭지 않다고 보고 있다. 분단된 우리나라에서 형법과 국가보안법 사이에 존재하는 긴장 관계를 보여 주는 법 규정이다.

얼마 전에 한 국회의원이 〈불효자 방지법〉[37]을 발의했다는 소식이 알려졌다. 이 법은 자식이 부모로부터 재산을 증여받았음에도 부모를 봉양하지 않을 경우, 부모가 준 재산을 환수하도록 하는 것이다. 기본적으로 부모로부터 재산을 미리 물려받은 후 〈먹튀〉 하는 불효 자식들 때문에 제안된 것이지만, 고령화 사회로 접어들면서 생겨나고 있는 현실 속 사회 문제를 반영한 법이기도 하다. 노년의 수명은 늘어나는데, 자식에게 전 재산을 물려주고 빈곤층으로 전락하는 노인들이 늘고 있기 때문이다. 공자의 효 사상에 따르면, 효는 자식의 마음으로부터 우러나와 행해져야 한다. 효를 법으로 강제하는 것이 적절한지 비판이 제기될 수 있지만, 한국의 현실은 개인의 윤리적 양심에만 의존하기에는 어려운 사회가 된 것이 아닌가 하는 점에서 씁쓸하다. 만약 국가의 의무는 충실히 수행하지만, 부모에 대한 의무는 저버린 불효자가 있다면, 그를 어떻게 봐야 할까? 분명 공자와 소크라테스라면, 설령 그가 나라를 위해 아무리 큰일을 한 사람이라도 그에게 정의로운 인간이란 호칭을 주는 건 힘들다고 얘기할 것이다. 정의의 영역에 불효자의 자리는 처음부터 없는 것이다.

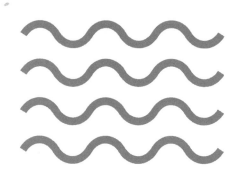

제3부

정의로운
거짓말은 가능한가?

거짓말과 정의의 문제

거짓말은 사실이나 진실에 맞지 않는 말이다. 그래서 거짓말 치
고 참에 반하지 않는 말은 없다. 문제는 거짓말이 단순히 사실이
나 사태에 맞지 않는 허위의 말이라는 데서 끝나지 않는다는 것이
다. 거짓말은 거짓을 말하는 자가 자신의 말이 거짓임을 알면서도
속이려는 의도를 갖고 진술한다는 점에서 도덕적인 의미를 갖는
다. 일반적으로 거짓말을 악으로 규정할 수 있는 이유는 발화자
가 이를 통해 무언가 나쁜 것을 얻거나, 나쁜 일을 행하고자 하는
의도를 갖기 때문이다. 거짓말쟁이가 기본적으로 부정의한 자일
수밖에 없는 이유다.

거짓말쟁이는 자신의 말이 거짓임을 알면서도 타인에게 그것
을 참으로 믿도록 속여 자신의 목적을 이루고자 한다는 점에서 나
쁘다. 그러나 의도적으로 거짓말을 해서 타인을 속이는 것이 진실
을 말하는 것보다 더 좋은 결과를 가져오거나 또는 더 적은 고통
을 가져오는 경우는 어떻게 생각해야 할까? 소위 착한 거짓말 내
지 선의의 거짓말도 그것이 타인을 속인다는 점에서 여전히 악한

말 내지 옳지 못한 말로 비난받아야 할까? 더욱이 그 거짓말이 불가피하게 자신이나 타인의 생명, 더 나아가 전 인류의 생명을 구할 수 있는 상황에서도 거짓말은 해서는 안 되는 걸까?

이제 이러한 물음들을 염두에 두면서 거짓말을 정의의 관점에서 살펴보고자 한다. 거짓말이 일상화되는 상황에서 거짓말이 갖는 순기능과 역기능이 무엇이고, 그것이 정의로운 인간의 탄생과 관련하여 갖는 의미가 무엇인지 생각해 볼 것이다. 특히 거짓말이 정치의 영역에서 갖는 의미를 관심 있게 살펴볼 것이다.

거짓말쟁이 역설과 피노키오의 거짓말

우리의 삶에서 거짓말은 일상화되어 있다. 5살 큰아이에게 동생이 왜 우는지 물어보라. 자신 때문이 아니라 집에서 키우는 멍멍이가 물었다고 답할 것이다. 옷가게의 점원에게 가격을 물어보라. 언제나 손님에게만 싸게 판다고 말할 것이다. 주식 투자 분석가에게 주식 투자의 적기에 관한 조언을 구해 보라. 지금이 바로 사야 될 때라고 말할 것이다. 선거 때 국회의원 후보자에게 왜 당신을 뽑아야 하는지 물어보라. 경제와 안보가 최고의 위기인데 자신만이 위기를 돌파할 수 있는 능력을 갖추었다고 호언장담할 것이다. 어린아이만이, 물건을 파는 상인만이, 국회의원이 되고자 하는 입후보자만이 거짓말을 하는 것은 아니다. 친구는 친구에게, 이웃은 이웃에게, 부부는 서로에게 수많은 구실과 변명을 대며 다양한 거짓말을 쏟아 낼 것이다. 유일한 진실은 사람들이 거짓말을 하지 않고 살아가기가 어렵다는 것이다. 크든 작든, 사소한 것이든 치명적인 것이든, 한 사람에게 하든 다수에게 하든 이런저런 차이는 있을지 몰라도 거짓말은 인간의 삶의 한 부분이 되어 버렸다. 일상화되지 말아야 할 거짓말 담론이 사적인 영역에서나 공적인 영역에서나 일상화되는 현상이 나타나는 것이다. 그러면 한 사회의 구성원들이 한결같이 거짓말을 무감각하게 일상화시키는 경우 어떤 문제가 발생할까?

　고대 그리스 철학자 에피메니데스Epimenides에 따르면 크레타인은 거짓말쟁이로 유명하다고 한다. 속이는 지략이 뛰어난 오디세우스가 자신을 크레타에서 태어났다고 해서인지는 몰라도 당시엔 크레타인답다kretein라는 말은 곧 〈거짓말하다〉와 같은 의미로 이해되었다. 사도 바울Paul 역시 디도에게 보내는 편지에서 〈크레타인들은 언제나 거짓말만 한다〉(「디도서」 1장 12절)고 쓰고 있다. 그래서 그런지 잘 알려진 니코스 카잔차키스Nikos Kazantzakis의 『그리스인 조르바』에서 주인공 조르바 역시 대수롭지 않게 거짓말을 해대는 크레타인으로 등장한다. 그러면 거짓말쟁이인 크레타인이 〈모든 크레타인은 거짓말쟁이다〉라고 말했을 때 이 말은 참일까 거짓일까? 이 말을 참으로 볼 경우 그것은 거짓말쟁이인 크레타인이 말한 것이기 때문에 거짓말이 된다. 그런데 이 말을 거짓으로 볼 경우 〈모든 크레타인은 거짓말쟁이다〉라는 말은 거짓말이기 때문에 그 크레타인은 참을 말한 것이 된다. 그러면 거짓말쟁이가 한 말은 거짓말인가 아니면 참말인가? 이것이 거짓말쟁이의 역설paradox[38]이다. 따지고 보면 이 진술은 참말임과 동시에 거짓말이다. 아니면 거짓말도 아니면서 참말도 아니다.

여기서 거짓말쟁이의 역설을 풀 생각은 없다. 그것은 버트런드 러셀과 같은 철학자에게 맡겨 두면 될 것 같다.[39] 또는 철학을 전공하는 학생들을 위한 논리적 사고 훈련 문제로 남겨 두면 될 것이다. 여기서 거짓말쟁이의 역설을 인용한 것은 크레타인들처럼 모든 사람이 항상 거짓말만 한다면 어떤 결과가 나타날지 생각해 보기 위함이다. 무엇보다 의사소통의 수단인 언어가 더 이상 그 본래적인 목적을 달성하기 어려울 것이다. 잘 알려진 이솝 우화의 양치기 소년처럼 한 번이 아니라 두 번, 세 번 거짓말을 하게 되면, 설사 그가 진실을 말하더라도 사람들은 더 이상 그 말을 믿지 못하게 되는 것과 같다. 〈―이다〉를 〈―아니다〉로, 〈―아니다〉를 〈―이다〉로 말하는, 즉 한 입으로 두 말을 하는 이상한 현상으로 인해 소통이 이루어지지 못하게 되는 것이다. A라고 말해진 것이 더 이상 A가 아닌 것으로 이해되는 거짓말이 만연한 공동체는 상호 불신으로 인해 결국 공동체의 질서와 안정이 와해된다. 거짓말은 언어의 본래적 목적을 상실함으로써 결국 한 공동체의 토대를 파괴하는 원인이 된다. 거짓말쟁이의 역설은 그렇기 때문에 단순히 재미로 만들어 낸 일종의 논리적 퀴즈가 아니다. 그것은 또한 우리에게 거짓말이 현실적으로 기능하는 실제적 가치가 무엇인지 생각해 보게 하는 의미도 있다.

그러면 거짓말은 한 사회에서 어떤 의미를 가질 수 있을까? 그것은 역기능 외에 순기능도 담보할 수 있을까? 일단은 거짓말 자체가 속이는 행위이기 때문에 일언지하에 부정의한 것으로 봐야 한다는 입장이 있을 수 있다. 반대로 상황에 따라 좋은 목적을 이루기 위한 순기능을 담당하기 때문에 긍정적으로 평가할 수 있는 유익한 거짓말도 있다는 입장이 있을 수 있다. 실상 살아가면서 자기 자신을 포함해서 거짓말을 한 번도 안하고 살아가는 사람을 찾기란 어렵다. 소소한 거짓말은 차치하고서라도 목숨을 구하기 위해 거짓말이 필요한 중차대한 상황에서도 거짓말 불허용 원칙을 주장하는 것은 현실적인 설득력이 떨어진다. 그러나 한번 거짓말이 인정되면 결국 거짓말을 통해 이득을 보려는 사람들이 늘어남으로써 한 사회에 부정적 파급 효과를 가져올 수 있다. 특수한 상황에서 허용된 거짓말은 우리가 허용할 수 있는 거짓말과 그렇지 않은 거짓말을 명확하게 판정할 수 있는 판정 기계를 갖고 있지 않은 한 얼마든지 남용될 가능성이 있는 것이다. 분명한 사실은 고금동서를 막론하고 거짓말을 권장하는 사회나 국가는 없었다는 것이다. 진실됨이 인간됨의 중요한 가치이자 덕이지, 거짓말을 인간을 인간답게 만드는 것으로 간주할 수는 없다.

이탈리아 작가 콜로디Carlo Collodi의 『피노키오의 모험』은 익히 잘 알려진 동화다. 거짓말을 하면 코가 커진다는 이야기로 유명하다. 나 역시 초등학교 때 고전 독서 경시대회에 나가기 위해 파란색 표지의 이 책을 읽은 기억이 난다. 동화 속 요정은 인간이 되기를 소망하는 나무로 만들어진 피노키오에게 거짓말을 하지 않으면 인간이 될 수 있도록 해주겠다는 약속을 한다. 그러나 피노키오는 요정에게도, 자신을 만들어 준 제페토 할아버지에게도 거짓말을 한다. 그때마다 피노키오는 코가 커지는 창피함을 당한다. 더 나아가 피노키오는 곡예사한테 불에 타버릴 뻔 하거나 물고기에게 먹힐 뻔도 하고, 당나귀로 변하는 혹독한 벌도 받는다. 피노키오는 인간이 되기 전에 수많은 시련을 겪는 것이다.

무엇보다 피노키오 이야기가 주는 상징성은 인간이 되려면 거짓말을 해서는 안 된다는 것이다. 거짓말을 하지 않는 것이 인간이 될 수 있는 유일한 길이라는 메시지는 초등학생인 나에게 새롭게 다가왔고, 동시에 조금은 의구심이 드는 이야기였다. 인간이 되는 것과 거짓말이 도대체 무슨 관계가 있는 걸까? 인어공주처럼 진실된 사랑을 통해 인간이 되는 것도 아니었고, 그렇다고 단군 신화에 나오는 곰처럼 마늘과 쑥을 먹고 사람이 되는 것도 아니었기 때문이다. 사랑은 매력적인 감정으로서 인간을 만들어 줄 수 있는 신비한 힘이 숨어 있을 것 같았고, 마늘이나 쑥은 물질적인 것으로서 그것을 먹으면 몸의 변화를 통해 인간이 될 수도 있겠구나 하고 수긍할 만했다. 그러나 인간이 되는 데 왜 거짓말을 하지 말아야 되는지는 쉽게 이해하기 어려웠다. 그리고 그러한 의구심은 지금도 마찬가지다. 거짓말이 정말로 인간이 되기 위해 그토록 중요한 걸까?

피노키오 이야기는 인간으로 살아가면서 그만큼 거짓말을 하지 않고 사는 것이 녹록치 않다는 걸 보여주는 우화이며, 동시에 인간이라면 거짓말을 해서는 안 된다는 규범적 요청도 반영된 이야기다. 피노키오처럼, 거짓말을 하면 코가 길어지는 것이 눈으로 단박에 확인된다면 거짓말을 못 하게 될 가능성이 크지만, 우리는 그러한 코를 갖고 있지 않다. 거짓말인지 아닌지 알기가 어렵다는 점에서 행위에 대한 도덕적 평가가 어려워지는 것이다. 물론 최근에는 수사기관에서 거짓말 탐지기를 통해 피의자의 거짓말 여부를 밝히려고 하지만 그것 역시 완벽하지 않다. 거짓말 탐지기까지 속이는 사악한 인간이 얼마든지 있기 때문이다.[40]

그래서 그런지 우리의 부모들은 어린 자녀에게 피노키오 이야기를 해주면서 거짓말을 하면 안 된다는 말을 수없이 되풀이한다. 거짓말을 하면 피노키오처럼 코가 커진다는 것이다. 그런데 아이러니하게도 아이는 그런 교육을 받으면서 동시에 거짓말을 배우게 된다. 아이는 피노키오 이야기처럼 거짓말을 해도 코가 커지지 않는다는 것을 알게 되고, 그 순간 거짓말 금지 교육을 시킨 부모가 거짓말을 했다는 사실을 깨닫는 것이다.

아이는 〈거짓말을 하면 안 된다〉는 도덕적 원칙을 배우면서 거짓말이 주는 유익성과 효과를 동시에 배운다. 아이가 긴 도덕 교육의 노정에서 처음 듣는 말은 진실된 말이 아니라 거짓말인 것이다. 어린아이를 윤리적인 인간으로 만든다 함은 거짓말을 하지 않는 인간으로 탄생시키기 위한 목적인데 거짓말이 유용한 수단으로 활용되는 것이다. 거짓말을 하는 인간이 과연 호모 주리디쿠스Homo Juridicus, 즉 〈정의로운 인간〉으로 간주될 수 있는가 하는 물음에서 거짓말의 허용 가능성이 중요한 잣대가 될 수밖에 없는 이유다.

성인 아타나시우스와 빌 클린턴 그리고 칸트

　중세 철학자 아우구스티누스Aurelius Augustinus는 『거짓말에 관하여De mendacio』에서 어느 누구도 결코 거짓말을 해서는 안 된다고 말한다. 설사 목숨을 구하기 위해서라도 말이다. 아우구스티누스에 따르면 〈진리와 모순되지 않는 거짓말은 없으며〉, 〈거짓말을 하는 입은 육체를 죽이는 것이 아니라 영혼을 죽이는 것이기 때문이다.〉 그렇기 때문에 아우구스티누스는 사람의 생명을 구하기 위해서도, 또는 조국을 구하기 위해서도 거짓말을 해서는 안 된다고 강조한다. 거짓말은 그것을 방어하기 위해 또 다른 거짓말을 덧붙여야 하고, 결국 더 큰 죄의 구렁텅이로 빠질 수밖에 없게 된다는 것이 그의 생각이다. 아우구스티누스에 따르면 거짓말은 모두 악이며, 언젠가는 영원한 정의의 빛에 비침으로써 결국 그 실체가 드러나게 된다.

　그러면 성인이나 현자는 정말로 자신의 생명이 위험한 상황에서도 거짓말을 하지 않을 수 있을까? 성인 아타나시우스Athanasius의 예를 통해, 어떤 경우에도 영혼의 죄를 범하지 않기 위한 현자의 몸부림을 이해해 볼 수 있다. 로마 황제 율리우스가 성 아타나시우스를 체포하기 위해 추격자들을 보냈다. 그들은 마침 나일 강을 여행하고 있던 성 아타나시우스를 만났지만 그들이 찾고 있는 인물인지 모르고 그에게 다가와 물었다. 「아타나시우스가 이 근처에 있습니까?」 그러자 성 아타나시우스가 대답했다. 「그는 여기서 멀지 않은 곳에 있습니다.」 추격자들은 서둘러 떠났고, 성 아타나시우스는 거짓말을 하지 않고도 성공적으로 그들을 피할 수 있었다. 〈여기서 멀지 않은 곳에 있다〉라는 성 아타나시우스의 답변은 사실 틀린 말은 아니다. 그의 말은 거짓말이라기보다는 사실을 오도(誤導, mislead)한 말로 볼 수 있다. 적어도 그가 거짓말을 하지 않은 것은 분명하다.

잘 알려진 미국의 전 대통령 빌 클린턴과 모니카 르윈스키와의 섹스 스캔들 역시 이러한 오도의 한 예가 될 수 있다. 클린턴은 청문회에서 모니카 르윈스키와의 성관계를 묻는 질문에 자신은 그녀와 부적절한 관계improper relationship를 갖지 않았다고 증언했다. 청문회에서 그녀와 섹스를 했는지에 대해 다시 물었고, 빌 클린턴은 〈나는 그녀와 섹스하지 않았다I did not sex with that girl〉고 답했다. 사실일까? 섹스가 성기 간의 삽입을 의미한다면 빌 클린턴은 거짓말을 한 것이 아니다. 그가 그녀와 가진 관계는 구강 섹스이기 때문이다. 이런 측면에서 빌 클린턴은 거짓말을 한 것이 아니라 오도한 것이다. 성인 아타나시우스와 빌 클린턴은 생명이 위협받고 있거나 또는 정치적 위기 상황에서 거짓말을 하지 않으면서 상대방의 잘못된 추론을 통해 위기를 넘기려는 오도의 말을 한 것이다. 이 경우 성인 아타나시우스가 말한 것을 추격자들이 잘못 이해하여 그를 앞에 두고서도 놓친 책임은 성 아타나시우스가 아니라 추격자들에게 돌아간다.[41]

이처럼 상대방이 오도하도록 잘 꾸며진 말은 철학자 칸트의 경우에서도 발견된다. 1794년 칸트는 빌헬름 2세로부터 기독교를 왜곡하거나 경시하는 어떤 공적인 표명도 하지 말도록 요구받았다. 이에 칸트는 〈폐하의 충성스런 신하로서, 나는 미래에 종교에 관해 공식적으로 강의하거나 글을 쓰는 것을 모두 중지할 것입니다〉라고 답했다. 그러나 실제로 이것이 칸트의 생각은 아니었다. 1797년 빌헬름 2세가 죽자 칸트는 자신이 한 말을 다음과 같이 설명한다. 〈폐하의 충실한 신하로서라는 표현은 내가 가장 신중하게 선택한 말인데, (……) 그것은 단지 폐하가 살아 있는 동안에만 유효한 말이며, 그럼으로써 나의 자유가 영원히 빼앗기지 않도록 했다.〉 칸트는 빌헬름 2세에게 원치 않는 약속을 해놓고 그것을 어기는 거짓된 말을 하고 싶지 않았던 것이다. 일단 거짓말로 약속해 놓고 이후에 자신이 원래 희망했던 기독교에 대한 비판적인 강의나 글을 발표할 경우 약속을 어긴 행위에 대한 모든 책임은 자신이 져야 하기 때문이다. 그래서 그는 빌헬름 2세가 살아 있는 동안에만 약속이 유효할 수 있도록 오도하는 표현을 신중하게 선택한 것이다.

그러면 오도하는 말은 도덕적으로 허용 가능하고 거짓말은 어떤 경우에도 허용해서는 안 되는 걸까? 생명이 위험하거나 분명한 해가 예견되는 상황에서, 상대방을 오도하는 잘 고안된 말을 생각할 수 없는 사람이라면 어떻게 해야 될까? 일반인들이 성 아타나시우스나 빌 클린턴 또는 칸트처럼 자기 앞에 직면한 문제를 피해갈 수 있는 기지를 발휘하기 어려운 게 사실이다. 거짓말을 하지 않으면 마땅히 빠져 나갈 방법이 떠오르지 않는 상황에선 더욱 그렇다. 그렇다면 어떤 상황에선 거짓말이 문제를 해결할 수 있는 방책이 될 수 있지 않을까? 여기서 우리는 거짓말이 선용될 수 있는 경우를 생각해 볼 수 있다. 다음 장에선 거짓말이 많은 사람들의 생명과 자유를 실현할 수 있는 정의로운 말로 자리매김할 수 있는지를 한번 생각해 볼까 한다.

정의로운 거짓말은 가능한가?

네덜란드 주부의 거짓말과 칸트의 거짓말 불허용 원칙

나치 독일에 의해 네덜란드가 지배되던 시기에 한 네덜란드 주부가 있었다.[42] 그녀의 이웃은 유대인이었고, 그 가족이 체포되어 죽음의 수용소로 강제 이송될 위험한 상황에 처했다. 그래서 네덜란드 주부는 유대인 가족이 모두 강제수용소로 보내지기 전에 그 가족의 아이 하나를 그녀의 집으로 데리고 왔다. 그리고 아이의 친부모에게 아이를 책임지고 잘 보살피겠다고 약속했다. 어느 날 그녀의 집에 나치 장교가 들이닥쳐 집에 살고 있는 아이들이 모두 그녀의 아이들인지 물었다. 그녀는 그렇다고 거짓말을 했다. 자, 이 경우에 네덜란드 주부가 나치 장교에게 한 거짓말은 허용될 수 있을까?

대체로 많은 사람들이 이 경우 거짓말을 허용할 수 있고, 더 나아가 반드시 필요하다고 상식적으로 생각할 것이다. 그런데 이 경우에도 거짓말을 해서는 안 된다고 단언하는 철학자가 있다. 바로 독일의 철학자 칸트다. 칸트는 「인간애로 말미암아 거짓말할 사이비 권리에 관하여Über ein vermeintes Recht aus Menschenliebe zu lügen」라는 글에서 살인자에게 쫓겨 집으로 들어온 친구를 숨겨 준 집주인 사례를 들고 있다. 어떻게 해야 할까? 일단 거짓말을 해서라도 친구의 생명을 구하는 것이 급선무일 것 같다. 그러나 칸트는 살인자가 와서 친구를 찾는 경우에도 거짓말을 해서는 안 된다고 강조한다. 곧 거짓말은 그 자체가 악이기 때문에 어떤 경우든 결코 정당화될 수 없다는 것이다. 과연 우리가 칸트의 주장에 동의할 수 있을까?

문 앞의 살인자에게 거짓말을 하지 말아야 하는가 하는 물음은 도덕성에 대한 가장 근본적이며 극적인 형태의 문제를 제기한다. 거짓말이 인간 삶의 현실이 되어가는 상황에서 칸트의 거짓말 금지 원칙은 전혀 현실과 조응하지 못하기 때문이다. 이런 이유로 칸트의 거짓말 불허용론에 관한 엄격한 형식주의는 콩스탕Benjamin Constant이라고 하는 당시의 프랑스 철학자에 의해 신랄한 공격을 받았다. 콩스탕의 주장은 살인자가 문 밖에 와서 〈너의 친구가 어디 있느냐〉라고 물을 경우 거짓말을 해서는 안 된다는 칸트의 주장이 결과적으로 사회 기반 자체를 무너지게 한다는 것이다. 콩스탕이 생각하기에는 의무라고 하는 것은 일종의 권리에 상응하는 개념인데, 거짓말을 하지 말아야 할 의무는 그에 상응하는 권리의 주체와 관련해서만 유효할 수 있다. 친구를 죽이려는 살인자는 진실 내지 사실을 요구할 수 있는 권리를 가진 주체가 될 수 없고, 따라서 이 경우 그에게 진실을 말할 의무 역시 없다는 것이다. 이런 이유로 살인자에게도 진실을 말해야 할 의무가 있다는 칸트의 주장은 결국 사회의 존립 기반을 파괴한다는 것이 콩스탕의 비판의 요지다.

콩스탕의 이러한 반론은 우리의 통념에 비추어 볼 때 설득력이 있다. 잘 알려진 안네 프랑크Anne Frank의 경우를 생각해 볼 수 있다. 어느 날 나치 대원이 다락방에 숨어 일기를 쓰고 있던 안네 프랑크를 잡으러 왔다. 집주인에게 당신의 집에 유대인 가족이 숨어 살고 있는지 묻는다면 집주인은 어떻게 해야 할까? 칸트는 이 경우에도 집주인이 안네의 가족이 숨어 있는 곳을 나치 대원에게 사실대로 말해 주어야만 한다고 얘기할 것인가? 네덜란드 주부가 유대인 아이를 자기 자녀라고 나치 장교에게 거짓말하는 것 역시 같은 맥락에서 볼 수 있다. 나치 대원이 모든 아이가 생물학적인 의미의 친자식인지 아니면 입양된 자식인지를 구분하여 묻지 않았기 때문에, 네덜란드 주부가 거짓말을 한 것은 아니라고 볼 수 있을까? 그러나 정황상 친자식인지를 물은 것이기 때문에 그 주부는 거짓말을 한 것이다.

이 경우에도 진실을 말하는 것이 의무라고 한다면, 우리는 칸트의 도덕 철학을 현실과 너무나 괴리되어 있는 비상식적인 내용을 담고 있는 것으로 볼 수밖에 없다. 그러면 칸트는 무슨 이유에서 거짓말을 어떤 경우라도 허용해서는 안 되는 것으로 본 것일까? 칸트가 거짓말할 권리를 원천적으로 금지함으로써 말하고자 하는 진의(眞意)는 무엇일까? 칸트는 고고하게 거경궁리(居敬窮理) 하는 관조적 활동만 했기 때문에 현실을 너무나 모르는 순진한 사람일까? 칸트가 왜 거짓말을 결단코 허용하지 말아야 한다고 했는지 그 까닭을 알아보아야 할 것 같다.

무엇보다 칸트가 살인자 앞에서도 거짓말을 해서는 안 된다고 본 중요한 이유 중 하나는 거짓말의 결과가 좋은 것이든 나쁜 것이든 그것은 진실에의 원칙에 대해서 우연적일 수 있기 때문이다. 칸트의 설명에 따르면 살인자에게 거짓말을 할 경우 오히려 최악의 결과가 발생할 수 있다. 즉 살인자에게 거짓말을 했는데, 그사이 숨은 친구가 불안하여 몰래 집을 빠져나갔고 살인자가 문밖으로 나가다가 그 친구를 발견하여 죽이는 경우다. 이 경우 거짓말을 한 당신이 친구의 죽음에 대한 책임을 져야 한다.

그러면 진실을 말한 경우는 어떻게 되는가? 당신이 진실을 살인자에게 말하고, 그사이 숨은 친구가 무엇인가 불안하여 말없이 집을 나가는 경우가 있을 수 있다. 이 경우 살인자가 집을 뒤지는 사이 친구는 멀리 달아나서 오히려 목숨을 구할 수도 있다. 더 나아가, 어쩌면 살인자가 집을 뒤지고 있는 동안 그가 이웃사람들에 의해 붙잡혀 살인을 막을 수도 있다. 이렇듯 칸트에 따르면 거짓말을 한 경우 최악의 결과가 발생할 수 있고, 그 반대로 진실을 말했을 경우 최선의 결과가 나타날 수 있다. 따라서 전자의 경우 친구의 죽음에 대한 모든 원인은 거짓을 말한 사람에게 돌아가지만, 후자의 진실을 말한 경우엔 그 책임에서 자유롭다. 그러므로 칸트는 아무리 그 의도가 좋더라도 거짓말을 하는 사람은 누구나 그 결과에 대해, 그것이 아무리 예견할 수 없는 것이라도 책임을 져야 하며, 심지어 시민 재판소에 벌금을 지불해야 한다고 주장한다.

상술한 것처럼 칸트가 살인자 앞에서도 거짓말을 해서는 안 된다고 보는 중요한 이유는 거짓말의 결과가 우연적일 수 있기 때문이다. 칸트가 가정한 것처럼 거짓말을 함으로써 숨어 들어온 친구가 살인자에게 희생되는 경우와 진실을 말했음에도 불구하고 그 친구가 희생되지 않을 수 있는 경우는 어떤 결과가 되었든 우연적이다. 따라서 칸트에게 거짓말할 권리란 우연적인 결과를 예측하여 이루어지는 것으로서 도덕적 원칙이 될 수 없다. 우연히 발생할 결과를 예상하여 보편적인 원칙에 예외를 둘 수는 없다는 것이다. 칸트에 따르면 〈예외들은 보편성을 파괴하는데, 보편성에 근거해서만 그 원칙들은 원칙이라는 이름을 가지기 때문이다.〉

이처럼 칸트가 목숨을 잃을 수도 있는 특수한 상황에서도 거짓말을 예외적인 것으로서 인정해서는 안 된다는 강경한 거짓말 금지 원칙을 고수하는 데는 그의 행위 법칙의 보편화 관점이 전제되어 있다고 볼 수 있다. 이것은 일종의 거짓말 허용이 보편화될 수 있는 것인지에 대한 테스트다. 예를 들어 〈곤궁한 상황에서는 거짓말을 하고 돈을 빌려라〉라는 명제를 생각해 볼 수 있다. 즉 〈내가 돈이 필요한 경우에는, 비록 내가 돈을 갚지 못한다 하더라도 일단 거짓 약속을 하고 돈을 빌려라〉는 것이다. 이러한 준칙이 보편화되면 어떻게 될까? 돈이 절실하게 필요한 사람에게 거짓말이 허용되면 곤궁한 상황에 처한 모든 사람들이 거짓말을 하고 돈을 빌리는 결과가 나타난다. 결과적으로 어느 누구도 다른 사람을 신뢰하지 못하게 될 것이다. 서로를 불신하여 남의 약속을 약속으로 받아들이지 않을 것이며, 결국 참된 약속이건 거짓 약속이건 약속 자체가 의미 없어지는 것이다.

이 예는 칸트에게서 거짓말이 왜 예외적으로 인정될 수 없는지를 알려 준다. 그것은 거짓말을 예외적으로 허용하는 것은 누구에게나 받아들여질 수 있는 보편적 준칙 내지 도덕 법칙이 될 수 없기 때문이다. 그것이 설사 친구를 살리기 위해 거짓말을 해야 하는 불가피한 상황에서도 마찬가지다. 칸트에 따르면 거짓말은 자신에게 행해진 잘못이 아니라 인류 전체에게 행해진 잘못이 되기 때문이다. 구체적인 상황에서 불가피하게 거짓말을 하는 것이 허용될 수 있는가의 물음은 곧 칸트에게 거짓말할 권리가 보편적 원칙으로 성립될 수 있는가, 또는 진실에의 의무가 예외를 인정할 수 있는가의 물음이 되는 것이다.

칸트는 이러한 물음들에 다음과 같이 분명하게 말한다. 〈회피할 수 없는 발언에도 진실을 담아야 한다. 이것은 모든 사람을 상대로 지켜야 할 엄연한 의무다. 그에게나 다른 누구에게나 아무리 큰 불이익이 닥친다 해도 마찬가지다.〉〈따라서 진실하기는 신성하고 조건 없이 적용되는 이성의 법칙이며, 그 어떤 편의상의 예외도 인정할 수 없다.〉〈거짓말쟁이는 공동체를 해체하는데 (……) 그 이유는 거짓말은 사람들로 하여금 다른 사람의 말에서 선한 것을 이끌어 낼 수 없기 때문이다.〉 칸트에 따르면 거짓말은 〈인간의 권리에 반하는〉 일이다. 진실성은 〈그로부터 더 큰 불이익이 생긴다 하더라도 모든 인간이 다른 사람에 대해 갖는 형식적인 의무〉라는 것이다. 아무리 호의적인 거짓말도 법의 원천을 손상시키기 때문이다. 따라서 칸트에겐 어떤 거짓말도 정의의 원리를 위반하는 것이다.

칸트가 거짓말 금지 원칙을 강하게 주장하는 데는 인간을 목적 자체로 대해야 한다는 정언명법이 깔려 있다. 칸트는 인간의 목적성에서 인간성을, 너의 인격에 있어서나 다른 모든 사람의 인격에서나 결코 수단으로 사용해서는 안 된다고 강조한다. 특히 중요한 것은 칸트가 어떤 경우라도 자신을 수단으로 사용해서는 안된다고 말한다는 점이다. 거짓말도 마찬가지다. 칸트에 따르면 다른 모든 사람의 좋음을 위해 거짓말을 하더라도 그것은 자신을 수단으로 이용한 것이기 때문이다. 설사 친구의 목숨을 구하기 위해 거짓말을 한 경우도 자기 자신을 수단으로 이용한 것에는 변함없다. 마찬가지로 인간성의 목적성 원리에 따르면, 네덜란드 주부가 유대인 아이를 살리기 위해 나치 장교에게 한 거짓말은 허용될 수 없다. 네덜란드 주부는 자신을 수단으로 해서 유대인 아이를 구하고자 했기 때문이다. 그럼으로써 결국 인류에게 거짓말을 한 것이 되기 때문이다.

그러면 우리는 칸트의 거짓말 금지에 대한 단호한 입장을 어떻게 평가할 수 있을까? 정의론의 입장에서, 콩스탕의 주장과 칸트의 주장 중 과연 어느 것이 보다 정의에 부합하는 견해로 볼 수 있을까? 아무래도 자신의 생명이나 타인의 생명, 그것도 다수의 생명을 구할 수 있는 불가피한 상황에선 거짓말이 허용되는 것이 상식에 맞을 것 같다. 칸트가 설명하는 것과 달리, 진실을 말해서 친구가 몰래 빠져나와 살 수 있는 가능성보다는 거짓말을 해서 친구를 살릴 수 있는 가능성이 현실적으로 높아 보이기 때문이다. 이것은 위에서 살펴본 살인자의 경우도 마찬가지다.

또한 오늘날 실정법적 관점에서 보았을 때도 칸트의 주장에 따라 거짓말을 안 하고 사실대로 말했을 경우, 오히려 미필적고의에 의한 살인 방조죄를 범하는 결과를 낳을 수도 있다. 이런 점들에 비추어 칸트의 엄격한 거짓말 금지 원칙을 항상 현실에 적용하기에는 무리가 있어 보인다. 칸트의 정언명법에 근거한 거짓말 금지 원칙이 현실을 도외시한 너무나 고상한 도덕법칙이라는 비판이 제기되는 이유다.

이제 칸트의 엄격한 거짓말 금지 원칙에 대한 절대론적 입장과는 다른 관점에서 거짓말이 예외적으로 허용될 수 있는지를 영국의 공리주의 철학자 밀John. S. Mill의 견해를 통해 살펴보고자 한다. 그리하여 네덜란드 주부의 거짓말이 도덕적으로 허용될 수 있는지를 생각해 보겠다.

밀의 공리주의적 관점에서 본 예외적인 거짓말

공리주의 입장에서는 거짓말의 문제를 어떻게 보고 있을까? 밀은 그의 주저 『공리주의Utilitarianism』 2장에서 진실성trustfulness의 중요함을 강조한다. 진실성이야 말로 참된 유용함이며 그렇기 때문에 진실성을 약화시키는 것은 매우 해롭다는 것이다. 곧 밀에 따르면 진실성이야말로 현재의 모든 사회적 복리를 지탱해 주는 원군이며, 또한 문명과 덕 그리고 인간 행복을 근거 지우는 원리가 된다. 요컨대 진실성은 올바른 행위로서 일반 행복, 즉 최대 다수의 최대 행복을 증진시킬 수 있는 행위다. 이런 이유로 밀은 거짓말이 허용되어서는 안 된다고 말한다. 거짓말은 항상 그 정도가 크든 작든 진실성을 약화시키기 때문이다.

칸트처럼 밀에게서도 거짓말은 나쁜 것이다. 자신의 이익이나 다른 사람의 편리를 위해 거짓말을 한다면, 그것은 사람들 사이의 신뢰를 깨뜨리고 그 결과 인류에게 해악을 끼치는 결과를 낳기 때문이다. 결국 발화자 자신에게도 가장 나쁜 행위가 되는 것이다. 칸트가 강조한 것처럼 밀에게서도 거짓말은 진실성을 파괴함으로써 사람들 사이의 신뢰를 무너뜨리고 결과적으로 이익보다 해악이 더 큰 것이다. 그래서 밀은 거짓말은 노예의 악덕인 반면, 참된 자유 시민의 덕은 진실함이라고 말한다. 밀은 진실성에 대한 기본적인 원칙 준수를 강조한 뒤, 곧바로 다음과 같이 말한다.

그러나 신성하기까지 한 이런 규칙마저 약간의 예외를 허용하고 있으며 이 점에 대해서는 모든 도덕주의자들이 용인해 준다. 그 대표적인 사례가 특정 사실을 알려 주지 않음으로써(이를테면 흉악범에게 정보를 제공하지 않거나 불치병에 걸린 사람에게 충격을 안겨 줄 나쁜 소식을 숨기는 것처럼) 어떤 개인(특히 자신을 제외한 다른 사람)을 심각한 해악에서 구해주는 경우다. 그러나 이런 예외적 경우가 필요 이상으로 확대되지 않고 진실함의 중요성에 대한 타격이 최소화될 수 있게, 가능하면 그 한계를 분명히 설정하는 것이 필요하다.

위에서 밀은 진실성의 원칙이 신성한 것으로써 지켜져야 하지만 거짓말이 예외로서 인정될 수도 있다고 말한다. 즉 정상적이지 않은 특수한 상황에서는 예외적으로 허용될 수 있다는 것이다. 살인자에게 정보를 주지 않거나, 의사가 환자에게 충격적인 병의 원인을 숨기는 것과 같은 것이다. 그렇다면 앞서 집에 숨은 친구를 살인자에게 사실대로 말해야 할 것인지에 대한 칸트의 논의에 대해 밀의 생각은 분명하다. 즉, 밀에게서 살인자에게 거짓말을 하는 것은 예외적으로 허용될 수 있는 행위다. 마찬가지로 밀의 관점에서 네덜란드 주부가 나치 대원에게 유대인 가족의 아이를 자신의 아이라고 거짓말하는 것도 예외적으로 인정되는 경우일 것이다. 밀의 기본적인 입장은 인간관계의 신뢰가 확보되기 위해선 진실함에 대한 존경심이 중요하지만 특수한 상황에선 거짓말을 예외로 인정해야 하며, 그것은 도덕적으로 문제가 없다는 것이다. 밀은 이러한 예외적인 경우들에 한해 거짓말을 허용하는 것은 모든 도덕주의자들이 동의한다고 말한다.

물론 밀이 예외적인 거짓말이 악용되거나 남용될 수 있는 경우를 고려하지 않은 것은 아니다. 그렇기 때문에 밀은 예외적인 거짓말이 진실함의 중요성을 무력화하거나 침해하지 못하도록 그 한계를 분명히 정하는 것이 필요하다고 단서를 달고 있다. 밀은 〈어떤 개인이 다른 사람을 심각한 해악에서 구해주는 경우〉를 예외적으로 허용될 수 있는 거짓말이라고 말하고 있다. 그러면 여기서 피터 카소비츠 감독의 「제이콥의 거짓말Jacob the Liar」이란 영화를 통해 밀이 예외적으로 허용할 수 있다고 본 거짓말의 사례를 좀 더 살펴보기로 하자.

시대적 상황은 2차 세계 대전이 한창인 1944년이다. 독일에 점령당한 폴란드의 한 유대인 거주 지역 게토ghetto에 갇혀 있던 제이콥이란 인물이 주인공이다. 제이콥은 통금 위반의 상황에서 단속을 피하기 위해 독일 막사에 들어갔다가 우연히 라디오를 듣게 된다. 그 내용은 러시아군의 진군 소식으로, 마을에서 가까운 베자니카에서 독일군과 러시아군 사이에 교전이 있었다는 보도였다. 이것을 제이콥이 친구에게 말하고 그 친구가 다른 친구에게 소식을 전한다. 곧 마을 사람들 사이에 조만간 러시아군에 의해 게토에 있는 사람들이 해방될 거라는 소문이 퍼진다. 그들은 제이콥이 정말로 라디오를 듣는다고 믿고 그로부터 살아갈 힘을 얻은 것이다. 그러나 제이콥이 한 친구에게 자신이 한 말이 거짓이라고 사실대로 말하자 그 친구는 절망감에 자살을 한다. 이에 충격을 받은 제이콥은 마을 사람들에게 희망을 주기 위해 거짓에 거짓을 보태 연합군의 승전 소식을 전한다. 결국 독일군이 이 사실을 알고 제이콥을 체포하고, 그에게 지금까지 한 모든 말이 거짓임을 마을 사람들에게 공개하면 살려 주겠다고 제안한다. 제이콥은 친구들에게 희망을 주기 위해 끝까지 침묵하고 결국 총살당한다. 그리고 수감된 자들은 기차에 실려 수용소로 끌려가던 중 러시아군을 만나 해방을 맞는다.

제이콥의 거짓말을 어떻게 평가해야 할까? 나치 독일군들이 악인이기 때문에 제이콥의 거짓말은 좋은 거짓말로 간주해야 할까? 아니면 거짓말 자체는 악이기 때문에 제이콥의 거짓말 역시 나쁜 것으로 보아야 할까? 우리의 통념에 비추어볼 때 제이콥의 거짓말을 나쁜 것으로 보기는 어려울 것 같다. 제이콥이 자신의 말이 거짓인 줄 알았고 의도적으로 사태에 맞지 않는 말을 했더라도, 그의 거짓말은 게토의 사람들에게 희망을 주었다는 점에서 의미가 있기 때문이다.

이 영화는 절망 속에 살아가는 사람들에게 희망을 주고 생명을 구할 수 있는 거짓말이라면 가치 있는 거짓말로 인정될 수 있음을 말해 준다. 제이콥의 거짓말은 상호소통을 불가능하게 하는 것이 아니라, 오히려 인간관계를 유지하고 사람들 사이의 화합을 가능하게 해주는 구원의 말이다. 그의 거짓말은 제이콥의 수감 동료들에게 재앙이 아니라 그들의 자유를 실현하기 위한 의미 있는 말인 것이다. 이 영화는 거짓말이 오히려 진실보다 더 가치 있고 아름다운 말이 될 수 있음을 웅변한다. 그렇다면 거짓말이라고 다 나쁜 것은 아니고, 그중에도 가치 있는 거짓말이 있을 수 있기 때문에 목적에 따라 구분해야 하는 걸까? 거짓말이 숭고한 목적을 이루기 위한 수단으로 선용될 경우 예외적으로 그 거짓말은 인정할 수 있을까?

내친김에 「거짓말의 발명Invention of lying」이라는 그리 널리 알려지지 않은 코미디 영화를 간단하게 언급할까 한다. 주인공 마크 밸리슨은 영화사의 작가로 살아간다. 그가 사는 세상은 거짓말이 무엇인지 모르고 오직 진실만으로 살아가는 세상이다. 그에게는 애인도 없고 자신이 쓴 이야기로 만든 영화도 별로 인기가 없다. 영화사에서 퇴출당하기 직전의 어느 날, 그는 처음으로 거짓말을 한다. 그리고 놀라운 일들이 일어나기 시작한다. 주인공이 실상 자신의 은행 계좌 잔고가 빈 것을 알면서도 돈을 찾으러 왔다고 은행 직원에게 말하니, 은행 직원은 자신이 계좌 잔고를 착각한 것으로 생각하고 돈을 인출해 준다. 거짓말로 카지노에서 돈도 따고 거짓말로 재미난 이야기를 만들어 인기 스타가 된다. 그는 거짓말을 이용해 자신의 바람을 충족시키는 것이다.

그런데 그는 거짓말을 선용할 줄도 안다. 임종을 앞둔 어머니가 사후 세계에 대한 두려움으로 고통스러워한다. 그래서 주인공은 사후에 또 다른 아름다운 세계가 있음을 말해 줌으로써 어머니가 편안하게 죽음을 맞이할 수 있도록 한다. 사후 세계가 존재한다는 그의 이야기는 세인들의 이목을 집중시키고, 그는 마치 하나님의 음성을 듣는 모세처럼 십계명과 같은 계명을 피자 박스에 써서 사람들에게 들려 준다.

이 영화는 거짓말이 없는 세상은 어떨까 하는 생각거리를 제공한다. 그리고 거짓말이 없는 세상은 진실하지만 그다지 아름답지 않은 세상이 될 수도 있지 않을까 하는 생각을 들게 한다. 삶은 때론 불편한 진실보다는 달콤한 거짓말이 필요할 수도 있기 때문이다.[43] 살아갈 희망이 없는 암울한 나치 치하에서 제이콥이 동료 유대인들에게 한 거짓말이나, 진실만이 존재하는 그러나 딱히 인간적인 정감이 있어 보이지는 않는 차가운 세상에서 마크 밸리슨이 임종을 앞둔 어머니에게 한 아름다운 사후 세계에 대한 거짓말이나 모두 선의의 거짓말로서, 그것은 오히려 거짓말이 진실이 해내지 못하는 희망과 구원의 말이 될 수 있음을 보여준다.

그러나 우리가 살펴본 것처럼 칸트는 밀이 생각하는 도덕주의자들에 속하지 않는 예외적인 도덕주의자다. 살인자 앞에서도 진실을 말할 것을 주장하는 칸트의 엄격한 의무론적 도덕 원리에서 볼 때, 네덜란드 주부의 거짓말이나 제이콥의 거짓말이나 예외적으로 인정될 수 없는, 다시 말해 허용되어서는 안 될 거짓말들인 것이다.

거짓말 금지에 대한 칸트의 절대론적 입장과 밀의 예외적 거짓말 인정과 같은 상대주의적 입장은 결코 화해할 수 없는 걸까? 밀이 말하는 예외성이 칸트의 엄격한 형식주의와 배타적인 관계에 놓이는 게 아니라, 그것으로 포섭될 가능성은 없을까? 또는 칸트의 절대론적 입장에서 보더라도 동의할 수밖에 없는 예외적인 거짓말의 경우는 아예 없을까? 이제 나는 고대 희랍의 비극 작가인 소포클레스의 『필록테테스*Philoktetes*』라는 작품에 나타난 네오프톨레모스의 거짓말을 통해 이 물음들에 대한 해결 방안을 모색해 보고자 한다.

소포클레스의 『필록테테스』에 나타난 거짓말

소포클레스는 고대 그리스의 3대 비극 작가 중 한 명으로 알려져 있다. 그는 인간의 운명과 자유 그리고 정의의 문제에 깊은 관심을 가진 작가였다. 『오이디푸스 왕*Oidipous Tyrannos*』이나 『안티고네』가 바로 인간 본성과 운명, 정의에 관한 통찰력을 보여 주는 그의 대표적인 작품이다. 그런데 상대적으로 잘 알려지지 않은, 그러나 거짓말과 관련하여 주목할 만한 작품이 있다. 『필록테테스』라는 작품이다. 이 작품에는 세 명의 주요 인물이 등장한다. 고대 그리스의 영웅으로 잘 알려진 오디세우스, 아킬레우스의 아들인 네오프톨레모스, 그리고 헤라클레스의 활을 소유하고 있는 필록테테스가 그 주인공들이다. 이 작품은 네오프톨레모스라는 한 청년의 거짓말을 중심으로 전개된다. 소포클레스는 네오프톨레모스의 거짓말을 통해 그것이 공동체 전체의 이익과 개인의 도덕적 충실성 사이에서 어떻게 평가되어야 하는지를 묻고 있다.

나는 이 작품에서 특히 네오프톨레모스와 오디세우스의 거짓말에 대한 각자의 주장이 정의의 관점에서 어떻게 평가될 수 있는지에 주목할 것이다. 그래서 앞에서 말한 거짓말의 예외적 인정과 관련한 칸트와 밀의 입장 차이를 좁힐 수 있는 가능한 통로를 찾고자 한다. 다시 말해 밀이 허용하고 있는 예외적인 거짓말이 칸트적 관점에서 동의할 수 있는 예외적이지 않은 도덕적 거짓말로 전환될 수 있는 최소한의 가능성을 모색하기 위한 것이다. 먼저 『필록테테스』에 나타난 사건의 배경을 간단하게 이해하는 것이 좋겠다.

사건은 트로이 전쟁의 막바지에 들어선 시점이다. 수많은 병사들이 죽었지만 아직까지 트로이는 함락되지 않은 상황이다. 이때 그리스군이 트로이를 점령하고 전쟁을 승리로 종식시키기 위해선 필록테테스가 가진 헤라클레스의 활이 필요하다는 예언이 등장한다. 그리스군의 지략가인 오디세우스가 헤라클레스의 활을 가져오는 과제를 맡는다. 문제는 오디세우스가 과거 필록테테스를 렘노스 섬에 남겨 두고 오는 데 주도적인 역할을 했다는 것이다. 필록테테스가 헤라의 저주에 의해 독사에 물려 치명상을 입게 되었고, 이를 본 오디세우스가 그리스군의 사기를 떨어뜨린다는 이유로 그를 렘노스 섬에 홀로 남겨 두고 몰래 출항해 버린 것이다. 섬에 버려진 필록테테스는 이후 몇 년 동안 홀로 병에 시달리면서 생존을 이어 나갔고, 그의 가슴속엔 오디세우스와 그리스군에 대한 분노와 배신감이 가득했다. 원래부터 트로이 전쟁에 참여하려고 했던 그였지만 독사에 물려 외딴 섬에 버려진 마음이야 오죽했겠는가. 그리고 그 주범이 오디세우스였으니 그에 대한 미움이 극에 이르렀을 것은 불문가지다. 당연히 필록테테스는 자신이 갖고 있는 활을 오디세우스에게 줄 리 없었다. 이런 상황에서 오디세우스가 취한 전략은 무엇이었을까?

오디세우스의 거짓말

필록테테스의 활을 얻기 위해 오디세우스가 짜낸 묘안은 거짓말을 이용하는 것이었다. 그래서 오디세우스는 필록테테스의 호의를 얻을 수 있는 인물로 죽은 아킬레우스의 아들인 네오프톨레모스를 내세운다. 즉 네오프톨레모스로 하여금 거짓말을 하여 필록테테스의 환심을 사서 궁극적으로 그의 활을 얻도록 하는 것이다. 물리적인 힘을 사용하는 대신에 거짓말이라는 부정의한 방법을 통해 그를 설득하는 것이 성공 가능성이 높다고 판단한 것이다. 거짓말의 내용은 아킬레우스가 죽은 후 그의 유품을 두고 오디세우스와 네오프톨레모스 사이에 경쟁이 있었는데 결국 말을 잘하는 오디세우스가 그 전리품을 차지하게 되었다는 것이다. 그래서 네오프톨레모스가 그 결과에 불만을 갖게 되었고, 더 이상 트로이 전쟁에 참여하지 않기로 결정하고 귀향하던 중 섬에 들르게 되었다는 것이다.

먼저 오디세우스는 실질적으로 거짓말에 관한 각본을 짜고 모든 것을 조정하는 인물이다. 아직까지 세상물정에 때 묻지 않은 청년 네오프톨레모스에게 거짓말을 제안하고 이에 거부 반응을 보이는 그를 끝내 설득하는 지략의 달인이다. 강압적인 폭력보다 세 치 혀가 목적을 달성하는 데 더 효과적인 수단이 될 수 있다는 생각도 오디세우스였기에 가능했다. 물론 그의 이러한 냉혹하면서도 차가운 판단 이면에는 국가에 대한 충성심이 작용하고 있는 것도 사실이다.[44] 실상 렘노스 섬에 필록테테스를 혼자 남겨 둔 결정도 그의 존재가 그리스군의 사기를 떨어뜨리고 신의 가호를 받지 못할 것을 우려한 데서 비롯한 것이다. 즉 그가 필록테테스를 섬에 몰래 두고 떠난 이유는 그에 대한 개인적인 원한이나 미움 때문이 아니라 그가 그리스군의 승리에 걸림돌로 작용했기 때문이다. 당시 상처 입은 필록테테스는 그리스군이 전쟁을 승리로 이끄는 데 방해가 되는 불필요한 짐에 불과했던 것이다. 방해가 되는 짐은 그냥 내던지면 된다는 것이 오디세우스의 기본적인 신념이었다. 즉 오디세우스는 다수의 이익을 위해 누군가는 해야 하지만 종종 기피되는 〈더러운 손〉의 역할을 맡고 있는 것이다.

이렇듯 오디세우스라는 인물에게 중요한 것은 무엇이 옳고 그른지와 같은 정의가 아니다. 그에게 중요한 것은 트로이 전쟁에서의 승리라는 결과다. 그것이 거짓말이든 무력이든 결과만 달성할 수 있으면, 그것은 악이 아니라 선으로 보아야 한다는 게 그의 입장이다. 따라서 그에게 약속이나 신의나 우정, 또는 도덕적 충실성이나 정의는 신경 쓸 것이 못 된다. 오디세우스는 필요한 상황마다 자신은 가장 올바르고 선하게 최선을 다해 일했다고 자랑스러워한다. 〈나는 그때그때의 필요에 따라 최선을 다하는 사람이오(『필록테테스』, 1049).〉 그에게 중요한 행위의 기준은 결과적인 이익이다. 그것은 곧 승리가 된다. 그렇기 때문에 트로이의 정복에 기여하는 것이 선이고 정의가 되는 것이다.

이런 관점에서 오디세우스에게 거짓말은 나쁜 것이 아니다. 그는 네오프톨레모스로 하여금 거짓말을 부추겨 필록테테스의 활을 찾아 오도록 하는 데서도 결코 망설이거나 부끄러워하지 않는다. 그는 거짓말이 자신의 본성에 맞지 않는다고 말하는 네오프톨레모스에게 본성의 의미가 다르게 이해되어야 함을 주장한다. 그는 고상한gannaios 본성이 내면적인 요구가 아니라, 상황 속에서 발휘되어야 하는 용맹함으로 이해되어야 한다고 강조하고 있다. 그는 네오프톨레모스에게 다음과 같이 말한다.

내 아들이여, 그대가 천성적으로 그런 책략을 말하거나 꾸미기에 적합지 않다는 것을 나는 잘 알고 있소. 그러나 승리는 달콤한 전리품이오. 그러니 그대는 참고 받아들이시오. 우리는 나중에 정의로운 사람들로 밝혀질 것이오. 오늘 하루만 잠시 파렴치를 위해 그대를 나에게 빌려주시오. 그런 다음 앞으로 두고두고 모든 인간들 중에서 가장 경건한 사람이라 불리도록 하시오(『필록테테스』, 79~85).

거짓말이 정의이자 선일 수 있다는 오디세우스의 주장을 어떻게 평가할 수 있을까? 공리주의적 관점에서 볼 때 오디세우스의 거짓말은 나름 충분히 인정될 수 있는 여지가 있다. 네오프톨레모스의 거짓말이 결국 그리스군의 승리라는 공리성을 실현하는 중요한 수단이 될 수 있기 때문이다. 그러나 오디세우스의 거짓말은 다음과 같은 몇 가지 이유로 칸트의 관점에서뿐만 아니라 밀의 입장에서도 인정되기 어렵다.

첫째, 오디세우스는 거짓말을 하는 것 자체에 대한 부끄러움이 없는 인물이다. 그에게 행위의 판단의 시금석은 진실성이 아니라 결과적인 이익 내지 성공의 달성 여부다. 즉 그에게 진실성이나 거짓말은 자체적인 좋고 나쁨의 가치를 갖는 것이 아니라 어디까지나 목적에 따라 그 가치가 결정되고 있다. 진실함보다는 원하는 목적을 달성하게 해주는 거짓말이 정의이고 선이 되는 것이다. 따라서 오디세우스에게 거짓말은 부끄러운 행위가 아니다. 그가 거짓말을 부끄럽게 생각하는 경우는 오로지 그 거짓말이 목적 달성에 적절한 수단이 되지 못했을 때뿐이다. 그의 거짓말에 대한 도덕적 판단은 반(反)칸트적이다.

둘째, 오디세우스는 타인에 대한 연민이나 공감을 중요시하지 않는다. 무엇보다 필록테테스처럼 상처로 인한 고통에 신음하는 약자에 대한 연민이 결여되어 있다. 설사 그가 그리스군 전체의 이익을 위해서 필록테테스를 섬에 남겼다 하더라도 그에 대한 인간적인 미안함을 느낄 수 있어야 인간이라 말할 수 있을 것이다. 그러나 그는 당시의 상황에서나 현재의 상황에서도 여전히 자신의 행위가 최선의 판단과 결정이었음을 확신한다. 그는 감탄고토(甘呑苦吐), 즉 달 때는 삼키고 쓸 때는 뱉는 모습을 보이는 인물이다. 오디세우스에게는 오직 그리스군 전체의 승리와 이익만이 중요하지 희생자나 약자에 대한 연민이나 공감은 중요하지 않다. 만약에 오디세우스가 과거 필록테테스를 섬에 홀로 남겨둔 행위에 대해 진지하게 잘못을 빌고, 또한 그가 겪었고, 계속해서 겪고 있는 심한 고통에 대한 연민의 정을 가졌다면 어떻게 되었을까? 오디세우스가 진정성을 갖고 필록테테스에게 자신의 잘못을 후회하면서 사과하고 도움을 청했다면 필록테테스가 마음을 바꿀 가능성도 배제할 수 없었을 것이다.

마지막으로 오디세우스는 정의를 무시한다. 오디세우스는 네오프톨레모스에게 〈우리는 나중에 정의를 보게 될 것이네〉라고 말한다(『필록테테스』, 1049~50). 그러나 오디세우스가 말하는 정의는 참된 정의가 아니라 달콤한 승리를 위한 정의다. 따라서 거짓말이 성공의 원인이 된다면 그것은 수치스러운 것이 아니라 정의가 된다. 부정의한 행동들은 그것이 성공적인 결과로 이끌어진다면 부정의한 것이 아니라 정의로운 것이 되는 것이다. 따라서 정의는 행동에 있어 그리 중요한 요소가 아니다. 그에게 인간 사이의 연민이나 우정 또는 신뢰는 중요한 덕이나 가치가 아니다. 오디세우스의 이러한 태도는 정의나 신뢰와 같은 공동체적 원리를 중요시한 밀의 입장에 부합하지 않는다.

상술한 이유로 오디세우스의 거짓말은 정당화되기 어려운 유형의 거짓말로 볼 수 있다. 거짓말 자체에 대한 부끄러움을 못 느낀다는 점에서, 그리고 고통받는 인간에 대한 연민이나 공감과 같은 공동체의 주요한 덕을 결여하고 있다는 점에서 그렇다. 무엇보다 거짓말을 정의로운 것과 동일시한다는 점에서 그렇다. 이렇듯 트로이 전쟁을 종결시키기 위해 수단과 방법을 가리지 않고 필록테테스의 활을 빼앗으려고 하는 오디세우스의 방식에는 분명히 문제가 있다. 결국 오디세우스의 거짓말은 칸트의 인간의 목적성 원리뿐 아니라 밀이 인정한 예외적인 거짓말의 요건을 충족시키는 것으로도 보기 어렵다.

네오프톨레모스의 거짓말

네오프톨레모스는 진실과 명예timē 사이에서 고민하는 인물이다. 그의 본성physis은 거짓말에 대한 거부감이 강하다. 그러나 그는 또한 필로티모스philotimos, 즉 〈명예를 사랑하는 인간〉이다. 그의 마음속에는 당시의 영웅들이 그런 것처럼 명예를 얻고자 하는 열망이 강하다. 아킬레우스의 아들로서, 전쟁에서 죽은 아버지처럼 용감하게 싸워 전공을 세우고 싶은 청년인 것이다.

나는 네오프톨레모스라는 인물의 내면에 흐르는 심리적 갈등과 그로 인한 행위의 변화가 거짓말의 문제를 풀 수 있는 하나의 중요한 방향타가 될 수 있다고 생각한다. 다시 말해 네오프톨레모스의 일련의 변화, 즉 거짓말 거부 — 거짓말 시도 — 거짓말 밝히기라는 세 번의 굴절 과정에서 예외적으로 인정될 수 있는 거짓말의 유형을 구성해 볼 수 있다는 것이다. 첫 번째 단계는 네오프톨레모스가 오디세우스의 거짓말 제안을 강하게 거부하는 경우에 해당한다.

라에르티우스의 아들이여, 듣기가 거북한 것을 행동으로 옮기라니, 나는 싫소이다. 간계로 목적을 달성하는 것은 내가 타고난 본성이 아니며, 사람들이 말하기를 내 아버지께서도 그렇지 않으셨다고 했소(『필록테테스』, 86~89).

네오프톨레모스는 공동선을 부정하는 것이 아니라 거짓말이라는 비열한 방법을 사용하는 것에 반대한다. 그래서 그는 〈나는 비열한 방법으로 이기느니 차라리 옳은 일을 하다가 실패하고 싶소(『필록테테스』, 94~95).〉라고 단언한다. 그는 필록테테스의 호의를 얻기 위해 거짓말을 사용할 것을 종용하는 오디세우스에게 〈당신은 거짓말이 부끄러운 것이라고 생각하지 않는가?(『필록테테스』, 108)〉라고 반문한다. 그러나 이에 대해 오디세우스는 거짓말이 그리스군을 구원해 준다면 그것은 수치스러운 것이 아니라고 강변한다. 그는 거짓말을 해서 필록테테스를 속이기만 한다면,

그래서 성공적으로 활을 얻을 수 있다면 네오프톨레모스는 지혜로우면서도 용감하다는 말을 들을 것이라고 설득한다. 결과적 성공에 대해선 비난이 있을 수 없다는 것이다.

　그러나 처음엔 강경하게 거짓말을 거부했던 네오프톨레모스도 결국 명예욕 앞에 무너진다. 오디세우스의 감언이설에 설득당해 결국 거짓말을 하게 되는 것이다. 오디세우스는 네오프톨레모스에게 그가 필록테테스의 활을 가져오면 트로이 전쟁에서 승리할 수 있고, 그가 지혜로우면서도 용감하다는 말을 들을 수 있다고 말한다. 곧 명예로운 인간이 될 수 있다는 것이다. 네오프톨레모스는 아직까지 오디세우스의 설득 논리를 거부할 정도로 자신의 삶의 원칙을 견지하고 있는 도덕적으로 완성된 인간이 아니다. 그래서 그는 필록테테스가 살고 있는 동굴로 찾아가 그에게 고향인 그리스로 데려다 준다고 거짓말을 한 뒤, 활을 획득한다.

　마지막 단계는 네오프톨레모스가 양심의 가책을 느끼고 다시 필록테테스에게로 돌아가 활을 돌려주고, 함께 트로이로 가자고 설득하는 과정이다. 이 단계에서 그는 다시 자신의 원래 본성에 맞는 모습으로 돌아온다. 네오프톨레모스는 자신의 거짓말을 참말로 믿고 자신의 생명과도 같은 활과 화살을 넘겨주고 잠을 자는 필록테테스를 보면서 갈등한다. 그는 독이 번진 상처로 인해 극심한 고통으로 신음하며 온전히 잠을 못 이루는 필록테테스를 보면서 괴로워한다. 필록테테스의 상처로 인한 고통의 신음 소리는 네오프톨레모스의 잠들어 있던 고상한 본성을 다시 일깨운다. 그래서 그는 활을 다시 필록테테스에게 돌려주기로 결심한다. 그는 강하게 제지하는 오디세우스에게 분명하게 말한다. 〈정의가 내 편이라면 두렵지 않다(『필록테테스』, 1251).〉 네오프톨레모스가 자신의 본성에 맞는 행위를 통해 정의로운 인간의 모습으로 돌아오는 것이다.

그러면 네오프톨레모스가 보여주는 일련의 굴절 현상은 우리가 모색하고 있는 정당화될 수 있는 거짓말의 성립 가능성을 위해 어떤 단서를 주고 있을까? 간단히 말해 이것은 칸트의 거짓말 불허용론 원칙과 밀의 예외적인 거짓말 인정 사이의 간격을 어떻게 좁힐 수 있는가 하는 물음이다. 나는 거짓말이 예외적으로 인정될 수 있기 위해선 다음과 같은 점을 충족할 수 있어야 한다고 생각한다.

첫째, 정당화될 수 있는 거짓말은 그것이 말하는 사람의 도덕적 자기 충실성integrity[45]과 조화될 수 있어야 한다. 앞에서도 언급했지만, 인테그리티, 즉 도덕적 자기 충실성은 한 인간이 자신의 삶을 기획하면서 설정해 놓은 도덕적 원칙이자 신념이다. 그런 점에서 자기 충실성은 한 인간의 순수한 내적인 도덕 원리가 된다. 네오프톨레모스가 오디세우스의 공리주의적인 유익성의 원칙에 설득되어 거짓말을 했다가 다시 자신의 본래적 자아로 돌아올 수 있었던 이유는 거짓말이 계속적으로 그의 내면에 존재하는 도덕적 순수성으로서의 인테그리티와 부딪혔기 때문이다. 즉 삶의 충실성의 원리가 되는 인테그리티가 네오프톨레모스로 하여금 끊임없이 거짓말에 대한 반성적 평가를 하도록 닦달하고, 도덕적 혐오와 구토를 불러일으킨 것이다. 이것은 다수를 위한 선의의 거짓말일

지라도 발화자가 그것에 대한 도덕적 거부감이 없어야 함을 의미한다.

부끄러움은 네오프톨레모스가 자신의 인테그리티에 반하는 행위에 대한 일종의 도덕적 증표라고 볼 수 있다. 부끄러움은 그로 하여금 자신의 내면에 설정해 놓은 도덕적 원칙과 신념에 일치할 수 있도록 촉구하는 내적인 인테그리티가 외화되어 나타난 것이다. 거짓말은 윤동주 시인이 말한 것처럼 〈하늘을 우러러 한 점 부끄러움〉이 없어야 하는 것이다. 네오프톨레모스는 자신의 내적인 자기 충실성의 원리와 맞지 않은 거짓말을 했기 때문에 결국 그것을 부끄럽게 생각한 것이다. 그의 인테그리티가 자신의 거짓말 행위에 대해 수치심을 느끼도록 계속적으로 자극한 것이다. 반면에 오디세우스는 이러한 부끄러움을 느낄 줄 모르는 후안무치한 인물로, 정직과 신뢰에 대한 인테그리티가 결여된 인간이다. 그의 삶의 도덕적 원칙에는 정직이나 참된 우정이 빠져 있고, 유용성이나 목적과 같은 다른 원칙만이 존재한다.

둘째로 정당화될 수 있는 거짓말은 타인의 동의와 공감을 얻을 수 있어야 한다. 즉 거짓말이 주관적인 측면에서뿐만 아니라 객관적으로도 정당화될 수 있어야 한다는 것이다. 이것은 거짓말의 발화자가 자신의 거짓말에 대해 자기 충실성 내지 헌신성을 갖고 있더라도 (그래서 설사 부끄러움을 느끼지 않더라도) 그것이 정당화되기 위해서는 타인의 지지와 승인을 확보할 수 있어야 한다는 걸 의미한다. 광신적 열정과 편협성으로 인해 전도된 목적 체계와 왜곡된 욕구 체계를 가진 사악한 인간도 자신의 거짓말을 자기 충실성과 일치하는 것으로 생각할 수 있기 때문이다.

앞서 언급한 오디세우스의 경우가 그렇다. 그는 자신의 공리주의적인 삶의 목적과 신념에 따라 거짓말이 선이 되고 덕이 될 수 있다고 강하게 믿기 때문이다. 그래서 그는 거짓말로 인해 희생양이 되는 네오프톨레모스나 필록테테스에게 일말의 부끄러움도 느끼지 않는다. 오디세우스는 거짓말을 자신의 잘못 설정된 목적 체계에 일치된 자기 충실성의 발로로 생각하기 때문이다. 히틀러와 같은 악인도 이러한 자기기만적인 주관적 자기 충실성을 소유한 인물로 볼 수 있다. 그는 광신적이며 편협한 이데올로기에 사로잡혀 600만 명의 유대인을 학살하면서도 전혀 죄의식을 느끼지 않았다. 오히려 자신의 인테그리티에 대한 강한 확신과 원칙에 따라 홀로코스트를 즐기며 수행한 것으로 보인다. 오디세우스나 히틀러가 보여주는 이러한 유형의 인테그리티를 올바른 방향성을 가진 자기 충실성으로 보기는 어렵다.

올바른 의미의 인테그리티는 그것이 목적에 대한 일관성이나 전심성(全心性)만 보여 준다고 충족되는 것이 아니다. 사전에 삶의 목표에 대한 충분한 숙고와 이성적인 검토를 통해 설정되어야 한다. 이러한 숙고와 검토는 혼자만의 독단적인 판단이 아닌, 타인과의 대화와 논쟁을 통해 공동의 의견을 형성하고자 하는 열린 태도를 필요로 한다. 즉 타인의 승인과 지지가 전제되어야 한다. 이런 점에서 오디세우스나 히틀러의 자기 충실성은 자기 편애적 또는 자기기만적인 광신자의 거짓된 인테그리티에 불과하다. 결국 예외적으로 허용될 수 있는 거짓말은 그것이 발화자의 자기 충실성에 따라 이루어진 것만으로는 충분치 않다. 타인의 공감과 승인 그리고 지지가 함께 이루어질 때 그것의 예외성이 허용될 수 있다.[46]

마지막으로 거짓말이 예외적으로 인정될 수 있기 위해선 그것이 인간 사이의 우정, 사랑, 연민, 헌신 그리고 정의와 같은 공동체적 가치를 유지하거나 증진하는 데 기여해야 한다. 오디세우스의 거짓말은 필록테테스에 대한 연민이나 네오프톨레모스와의 우정이나 정의의 원칙에 반한다는 점에서 정당화되기 어렵다. 네오프톨레모스의 거짓말 역시 필록테테스와의 우정이나 정의의 원칙, 또는 자신의 본성으로서의 인테그리티에 일치하지 않는다는 점에서 허용되기 어렵다. 결국 오디세우스와 네오프톨레모스의 거짓말은 공동체의 주요한 다른 덕들에 부합하거나 공동체적 가치에 기여하기 어렵다는 점에서 허용되기 힘들다. 설사 이러한 부정의한 거짓말을 해서 성공을 이룰 수 있다 하더라도 그것은 절반의 성공으로 끝날 수밖에 없을 것이다.

이런 점에서 소포클레스가 『필록테테스』에서 활에 대한 신탁을 통해 담아 낸 반전은 상징적이다. 작품에 따르면 네오프톨레모스가 거짓말을 해서 필록테테스의 활을 얻었지만, 신탁은 활뿐만 아니라 활의 주인까지 함께 데려와야 트로이를 함락할 수 있다고 예언했기 때문이다.[47] 필록테테스를 함께 트로이로 데려오지 않으면 완벽한 승리를 보장받지 못하는 것이다.

결국 어떤 거짓말이 예외적으로 인정될 수 있기 위해선 위에서 말한 것처럼 주관적 측면과 객관적 측면 그리고 다른 가치와의 조화라는 세 가지 조건의 충족성 테스트를 통과할 수 있어야 한다.

다시 정리해 보면, 첫째, 거짓말의 발화자가 자신의 인테그리티에 비추어 한 점의 부끄러움도 느끼지 않을 수 있어야 한다. 둘째, 제3자가 판단했을 때도 거짓말이 거부될 수 없는 도덕적 정당성의 이유가 제시되고, 타인의 승인과 지지가 확보될 수 있어야 한다. 마지막으로 신뢰나 우정 또는 정의와 같은 공동체의 존립 원리가 되는 다른 주요한 가치들과 조화하거나 그러한 원리들의 실현이나 증진에 기여할 수 있어야 한다. 적어도 이러한 세 가지 요건을 충족시킬 수 있는 거짓말이라면, 그 허용 조건이 엄격하게 제한된 것이기 때문에 예외적인 거짓말로 허용될 것으로 생각된다.

그러면 이러한 기준에 부합하는 거짓말은 거짓말 불허용론 원칙을 견지하는 칸트주의자들에게도 예외적인 거짓말로 평가받을 수 있을까?

네덜란드 주부의 거짓말은 예외적으로 허용될 수 있는 거짓말이 될 수 있을까?

상술한 거짓말의 예외성 허용에 관한 조건들만으론 칸트의 거짓말 불허용 원칙 자체를 무력화시키지 못할 것이다. 어떤 유형의 거짓말이든(설사 그것이 타인이나 공동체 아니 전 인류를 위한 것이라도) 의도적으로 사실이나 사태에 맞지 않는 것을 말할 경우 그것은 참말이 될 수 없기 때문이다. 애초 거짓말을 위한 자리는 칸트의 도덕 공동체에는 준비되어 있지 않은 것이다. 그러나 거짓말이 존재하지 않는 도덕 공동체는 칸트의 목적의 왕국에서나 실현될 수 있는 당위적인 차원의 요청이지, 현실 속에서도 가능한 것은 아닐 것이다(물론 칸트의 엄격한 거짓말 불허용론 원칙은 거짓말이 일상화되어 가는 우리의 병든 공동체를 건강한 도덕 공동체로 이끌고 승화시키기 위한 규제적 원리로서, 그 가치가 결코 평가 절하될 수는 없다).

칸트의 정언명법에 따른 거짓말 금지 원칙은 현실 속에 적용되기가 녹록치 않아 보인다. 이런 점에서 밀이 제시한 예외적인 거짓말이 진실함의 원칙을 훼손하지 않으면서도 현실에서 순기능 역할을 할 수 있는지를 모색해 보는 것이 의미가 있는 것으로 생각된다. 위에서 제시한 세 가지 충족 요건은, 바로 지금 여기에 발붙이고 살아가는 우리에게 거짓말로 인한 폐해를 최소화하면서도 예외적으로 인정될 수 있는 거짓말의 유형을 생각해 보는 지표로 볼 수 있다.

거짓말은 말 그 자체가 허위라는 점에서 기본적으로 부정적인 의미를 갖는다. 그러나 거짓말이 참말이 아니라고 해서 단적으로 부정의한 말로 간주되는 것은 좀 더 생각해 볼 필요가 있다. 참된 거짓말은 형용모순적인 말이지만 정의로운 거짓말은 가능한 것으로 볼 수 있기 때문이다. 참말은 아니지만 타인이나 공동체에 보탬이 되는 올바르면서도 가치 있는 거짓말이 있을 수 있기 때문이다. 적어도 위에서 말한 정당화될 수 있는 거짓말의 세 가지 조건에 관한 테스트를 통과한다면, 정의로운 거짓말 내지 숭고한 거짓말은 칸트와 밀이 말한 정직한 도덕 공동체의 실현을 앞당길 수 있는 윤활유가 될 수 있다.

이제 유대인 아이를 구해준 네덜란드 주부의 거짓말의 경우가 위에서 말한 정당화될 수 있는 예외적인 거짓말의 세 가지 기준을 충족시킬 수 있는지를 다시 생각해 볼까 한다. 우선 칸트주의자에게 의심하는 나치 장교에게 네덜란드 주부는 어떻게 해야 하는지를 물어볼 수 있다. 엄격한 원칙주의자인 그는 이 경우 진실을 말해야 한다고 할 것이다. 또는 네덜란드 주부가 아우구스티누스적인 원리에 기초한 기독교 신자인 경우라고 해도 아마 마찬가지일 것이다. 어떤 경우든 거짓말은 악이며 그것은 무엇보다 자신의 영혼에 죄를 짓는 것이기 때문이다. 이 경우 유대인 아이는 강제수용소로 보내질 것이 분명하다. 그러면 유대인 아이를 숨기고 보살펴 준 네덜란드 주부는 어떻게 될까? 네덜란드 주부가 진실을 말했기 때문에 나치 대원은 고마움을 표하고 은닉 행위에 대해 관용을 베풀어 없었던 일로 눈감아 줄까? 분명 은닉 행위로 인해 네덜란드 주부 역시 가족 전체가 위험에 처할 것이다.

그러면 거짓말을 하지 않으면서 위기를 모면할 수 있는 차선책은 무엇일까? 나치 장교가 친자식인지 아니면 입양한 아이인지를 고려해서 질문을 던진 것이 아니라는 데 착안해서 거짓말의 정당성을 확보하면 어떨까? 나치 장교가 명확하게 구분해서 질문한 것이 아니기 때문에 네덜란드 주부가 굳이 그가 지시하는 게 친자식인지 또는 입양 자식인지를 되물을 필요는 없을 것이다. 이 경우 주부의 답변은 거짓말이 아닌 것으로 볼 수 있지 않을까?

그러나 앞서 지적했지만, 나치 장교가 물은 것은 정황상 분명

친자식인지를 묻는 것으로 보아야 할 것이다. 그렇다면 네덜란드 주부의 〈그렇다〉라는 답변은 분명 거짓말이다. 칸트주의자들은 네덜란드 주부의 거짓말을 허용될 수 없는 것으로 볼 것이다. 그러나 위에서 말한 예외적인 거짓말로 인정될 수 있기 위한 세 가지 조건들을 통해 보면 우리의 판단은 다르게 내려질 수 있다.

첫째, 네덜란드 주부의 인테그리티 충돌 문제다. 그녀가 정상적인 도덕적 인간이라면 자신의 삶의 소중한 가치들을 갖고 있을 것이며, 그러한 것들엔 분명 인간 생명에 대한 존중심뿐만 아니라 거짓말을 해서는 안 된다는 원칙도 포함할 것이다. 문제는 그녀가 다양한 삶의 원칙들 중 어느 하나를 선택해야만 하는 구체적인 상황이다. 즉 그녀는 아이들이 모두 그녀의 자식인지를 묻는 나치 장교에게 거짓말을 할 것인가, 말 것인가 하는 선택 상황에 놓여 있다. 무엇보다 그녀가 유대인 아이의 부모가 나치 대원들에게 체포되어 강제 이송되기 전에 아이를 빼돌렸다는 것은, 그녀가 이미 아이의 생명을 소중하게 생각하는 인류애 내지 사랑의 원리를 거짓말 금지 원칙보다 우선시하고 있음을 알려 준다. 물론 정직은 그녀에게도 자신의 삶의 원칙에 포함된 중요한 가치일 것이다. 그것은 그것대로 부정할 수 없다. 그러나 그녀의 행동에서 나타난 바처럼, 그녀에게 거짓말 금지 원칙보다 더 우선시되는 삶의 원칙은 생명 존중 내지 인간에 대한 사랑의 원칙이다.

그러면 그녀의 거짓말은 그녀로 하여금 과연 자신의 인테그리티에 반하는 부끄러운 행위로 인식될까? 정상적인 민주주의 국가 하에서 어떤 아이가 죄를 지었고, 경찰이 아이를 수색하러 왔을 경우 네덜란드 주부는 어떻게 행위했을까? 재판과 같은 정상적인 법적 절차에 따라 아이에 대한 심판과 처벌이 이루어질 것으로 예상된다면 네덜란드 주부는 사실대로 말했을 것이 분명하다. 만약 이 경우에도 거짓말을 해서 아이를 숨겨 주었다면 우리는 네덜란드 주부의 인테그리티를 의심할 수밖에 없다. 그러나 나치 정권과 같은 사악한 정권의 하수인이 문 앞에 와서 유대인 아이가 있는지를 물을 경우, 그녀가 사실대로 말해야 하는지는 의문이다. 거짓말 금지 원칙에 앞서 그녀에게 더 우선성을 갖는 삶의 인테그리티는 생명 존중의 원칙이기 때문이다.

그러면 그녀의 거짓말 행위는 제3자의 관점에서 볼 때도 정당화될 수 있을까? 예를 들어 밤중에 강도가 침입한 경우를 생각해 보자. 이 경우 집에 침입해서 가족을 위협하는 강도에 대한 공격은 그것이 의도치 않게 강도를 죽이는 결과로 나타나더라도 자기 방어적인 차원에서 행위의 정당성이 인정될 수 있을 것이다. 그럼 밤중에 침입한 강도와 나치 장교 사이에 본질적인 차이가 있는 것으로 볼 수 있을까? 문 앞의 나치 요원에게 진실을 말했을 경우 아이가 죽을 게 분명해지는 상황은 가족이 강도에게 죽는 상황과 본질적으로 차이가 없다. 그렇다면 네덜란드 주부의 나치 요원에 대한 대응 역시 같은 맥락에서 이해되어야 할 것이다.

물론 그녀가 거짓말을 하지 않고 위기를 피할 수 있는 다른 대응 방식도 고려할 수 있다. 몰래 갖고 있던 총으로 나치 장교를 죽이는 것은 어떨까? 나치 장교가 주부에 의해 죽임을 당할 정도로 어리석을지도 모르지만, 설사 성공했더라도 그 결과는 또 다른 나치 대원들에게 주부를 포함한 모든 아이들의 죽음으로 끝날 가능성이 크다. 그렇다면 남는 현실적인 대안은 거짓말이다.

다음으로 네덜란드 주부의 거짓말은 과연 칸트가 주장하는 것처럼 그녀 자신에게는 해가 되지 않을지 모르지만 인류성을 침해하는 행위로 보아야 할까? 그녀의 거짓말이 인간 사이의 신뢰나 문명 공동체를 지지하는 다른 도덕적 원리, 예를 들어 정의나 사랑, 우정과 같은 가치를 침해했는가 하는 것이다. 나는 네덜란드 부인의 거짓말이 밀이 예외적으로 인정한 거짓말의 유형에 포함된다고 생각한다. 그녀의 거짓말은 기본적인 도덕 공동체의 신뢰를 유지하고 강화하는 데 기여하면 기여했지 침해하는 것으로 볼 수 없기 때문이다. 적어도 정상적인 이성을 소유한 자라면 네덜란드 주부의 거짓말을 인류성에 대한 심각한 침해로 보기는 어려울 것이다. 오히려 할 수 있으면 그 독일 장교를 죽이는 것이 올바른 행위로 볼 수 있을 것이다. 어려움에 처한 사람을 구해주어야 한다는 사마리안 정신이 기본적으로 인간됨의 중요한 의무 원리인 것처럼, 이 경우의 거짓말은 그러한 인간 존중에 대한 존경심 내지 사랑에서 비롯한 것으로 보아야 하기 때문이다.

더 나아가 그녀의 거짓말은 무엇이 옳고 그른지에 대한 판단에서 올바른 길을 선택한 것이며, 그녀는 정의를 지키기 위한 용기를 발휘했다는 점에서 영웅이라 말할 수 있다. 그녀는 모두가 두려워하고 침묵할 때 정의를 실천한 용기 있는 주부인 것이다. 칸트의 진정성과 거짓말 금지 원칙이 차지하는 도덕적 가치는 부정할 수 없지만, 칸트가 네덜란드 주부의 거짓말을 부정한다면 그의 정언명법은 정의로운 인간을 만들기 위한 도덕법칙이 될 수는 없을 것이다. 칸트의 거짓말 금지에 관한 도덕법칙은 용기의 도덕률이 아니라 비겁함의 도덕률이 될 것이다.

그러나 선의의 거짓말이라도 그것이 자신의 희생을 통해 이루어지는 것이기 때문에 어떤 경우든 자신을 수단으로 삼아서는 안 된다는 원칙을 위반한 것으로 봐야 보아야 한다는 논란은 남아 있다. 이것을 어떻게 생각해야 할까? 어쩔 수 없이 타인의 생명을 구하기 위해 자신이 희생해야 하는 경우 정당성의 문제가 제기될 수 있다. 강요나 협박에 의한 희생은 그것이 설사 다수의 생명을 구하더라도 수단으로 이용된 희생자로 볼 수 있다. 그러나 자발적으로 그것도 기쁘게 희생을 하고자 하는 사람은 어떻게 보아야 할까? 우리는 이러한 사람을 살신성인한 영웅 내지 위인으로 존경하지 않는가? 역사 속의 훌륭한 성군이나 영웅, 또는 훌륭한 지도자는 그러한 길을 걸었던 것으로 볼 수 있다. 이런 정의로운 길을 걸어간 사람들이 있었기에 인간은 호모 에티쿠스로서 도덕 공동체를 유지하고 발전시켜 온 것이 아닌가? 그렇다면 이들의 이타적인 숭고한 정신이 사라지지 않도록 하는 것이 인류의 과제이자 책임이 될 것이다.

거짓말에 대한 칸트의 엄격한 엄숙주의 입장이든 밀의 엄격한 조건하에서만 인정되는 공리주의적 입장이든 양자 공히 진실성을 한 사회의 주요한 덕 내지 원칙으로 강조하고 있다는 걸 간과해선 안 될 것 같다. 그만큼 거짓말의 부작용과 역기능은 공동체의 존립 기반을 침해하는 악이 될 수 있음을 의미하는 것으로 이해할 수 있다. 칸트든 밀이든 사회 존립의 근거 원리는 거짓말할 권리보다는 거짓말을 하지 말아야 할 의무를 우선시해야 한다고 강조하는 것이다. 지금까지 논의한 예외적인 거짓말의 경우도 마찬가지다.

이러한 관점을 염두에 두면서 정치와 같은 공적 영역에서의 선의의 거짓말이 예외적인 거짓말로 인정될 수 있는지를 살펴볼까 한다. 정치와 같은 공적 영역에서 국가의 통치 업무를 맡고 있는 정치가나 고위 공직자는 때로 국가의 안위와 이익을 위해 사실을 사실대로 말하지 않고 일종의 선의의 거짓말을 하는 것으로 스스로를 변호하는 경우가 있다. 그러나 정치에서의 소위 선의의 거짓말의 피해는 국가 전체 내지 시민 모두의 피해로 귀결될 수 있다는 점에서 이 주제에 대한 논의가 별도로 이루어질 필요가 있다. 정치인과 고위 행정 관료의 거짓말은 실상 그것이 참된 선의의 거짓말이라기보다는 위선과 탐욕에서 비롯된, 말 그대로 거짓말로 밝혀진다는 점에서 그 문제의 심각성이 존재한다. 정치에서의 거짓말은 사회 존립의 원리를 무너뜨릴 수 있는 부정적 파급력으로 나타나기 때문이다.

정치인의 거짓말

거짓말이 유독 빈번하게 인구에 회자되고, 그것이 사회 정치적 문제가 되는 것은 특히 정치 영역에서의 거짓말 때문일 것이다. 정치인이 흔히 〈거짓말하는 면허증〉을 가진 자로 불리는 것도 이와 무관치 않다. 언제부터인가 정치인의 거짓말은 하루가 멀다 하고 신문과 텔레비전을 장식하는 단골 주제 중의 하나가 되었다. 1974년 미국의 닉슨Richard M. Nixon 대통령이 민주당 불법 도청에 관한 거짓말로 대통령직을 사임하게 된 워터게이트Watergate 사건이 대표적이다. 정치인의 거짓말은 한국 정치계에서도 더하면 더했지 결코 예외가 아니다. 최근의 총리 후보자의 거짓말이나 수많은 정치인들의 말 바꾸기는 식상할 정도다.

정치인의 거짓말이 무엇보다 비난의 대상이 되는 이유는 거짓말이 야기하는 사회적 내지 국가적인 파급 효과 때문이다. 특히 한국 정치인의 거짓말은 부정부패와 밀접한 관계를 갖고 있으며, 이것은 각 나라의 부패를 감시하는 국제투명성기구CPI에서 한국이 최하위권을 맴돈다는 데서도 잘 알 수 있다. 문제는 거짓말이 개인 간에 이루어지는 게 아니라, 정치인이나 국가의 고위 관료에 의해 시민 전체를 대상으로 이루어질 때 그 부작용이 매우 치명적이라는 데 있다. 여기에 문제의 심각성이 존재한다. 그러면 정치와 같은 공적 영역에서의 거짓말을 어떻게 이해해야 할까? 정치란 태생적으로 거짓말이 불가피하게 필요한 영역일까? 깨끗한 정치를 구현하기 위해서는 거짓말이 필요악처럼 어쩔 수 없이 허용되어야 할까? 다시 말해 이것은 정치에서의 선의의 거짓말이 해당 영역의 특성상 예외적으로 그 정당성이 인정되어야 하는가 하는 물음이다. 이와 관련하여 한편으론 정치에서의 통치자의 거짓말이 국가의 안정과 피통치자의 이익과 행복을 위해 필요함을 역설하는 플라톤과 마키아벨리의 견해를, 다른 한편으론 정치인의 거짓과 기만술의 실체를 파헤치는 한나 아렌트Hannah Arendt의 견해를 살펴볼까 한다.

플라톤의 고상한 거짓말

플라톤은 『국가』 3권에서 통치자에 의한 고상한 거짓말이 이상국가를 실현하기 위해 필요하다고 역설한다. 플라톤은 소크라테스의 입을 빌려 〈거짓말을 하는 것이 허용된 사람들이 있다면, 그들은 바로 나라의 통치자들로서 이들에게는 국가의 이익을 위해서 적이나 시민들에게 거짓말을 하는 것이 허용될 수 있네. 그러나 그 밖의 다른 누구에게도 거짓말이 허용되어서는 안 되네(『국가』, 389c)〉라고 말한다. 오해하지 말아야 할 점은 플라톤이 진실 aletheia의 중요성을 결코 부정하지 않는다는 사실이다. 그에게 진실은 이성에 의한 정의로운 국가를 건설하는 데 〈아주 소중한 것〉으로서 강조된다. 다만 그는 신과 같은 존재에게 거짓말은 필요 없지만, 인간들에게는 일종의 약처럼 유용한 것으로 필요하다고 말한다. 중요한 것은 약의 처방권이 의사에게만 주어진 것처럼, 거짓말을 할 수 있는 권한은 오로지 국가의 최선자인 통치자에게만 허용되어야 한다는 것이다. 플라톤에 따르면 의사가 건강과 질병에 대한 앎을 가진 전문가인 것처럼, 통치자는 정의와 선에 대한 지식을 소유한 아는 자이기 때문에 거짓말을 선용할 줄 안다는 것이다.

그러나 그 반대의 경우는 인정될 수 없다. 다시 말해 〈환자가 의사를 상대로 또는 신체 단련을 하는 자가 체육 코치를 상대로 자신의 신체 상태에 대해 진실을 말하지 않는 것이나, 또는 선원이 조타수(선장)에게 배와 선원에 관련된 사실을 말하지 않는 것은 크게 잘못된 것이다(『국가』, 389c).〉 플라톤은 정치적 지식을 갖춘 통치자 이외에 다른 사람들, 즉 전사 계급이나 생산자 계급이 거짓말을 하게 되면 그것은 마치 국가를 전복하거나 파괴하는 것과 같은 것이기 때문에 처벌해야 한다고 말한다.

그러면 플라톤이 생각하는 고상한 거짓말이란 어떤 것인가? 고상한 거짓말의 내용 중 한 부분은 모든 사람이 대지라는 동일한 어머니로부터 태어난 형제 동포라는 것이다. 모든 시민이 동일한 어머니 밑에서 태어난 것으로 믿으면 서로가 한마음 한뜻이 될 수 있기 때문이다. 플라톤이 언급한 거짓말의 다른 부분은 흥미로우면서도 그만큼 논란이 많은 내용이다. 그것은 인간이 세 종류로 구분된다는 것이다. 금 인간, 은 인간 그리고 동과 쇠를 갖고 태어난 인간이 그것이다. 이때 금은 이성을, 은은 기개를 그리고 동은 욕구를 상징한다. 플라톤에 따르면 나라의 최고 통치자 직분은 이성적인 능력을 탁월하게 발휘할 수 있는 금 인간이 맡아야 한다. 그렇지 않고 은이나 동 유형의 인간이 최고 통치자가 되면 그 나라는 필히 멸망하게끔 된다는 것이다. 금 인간이 동 인간이 하는 일을 하고 동 인간이 금 인간이 해야 될 일을 하면 정의로운 나라가 이루어질 수 없는 것이다. 이성적인 능력이 뛰어난 금 인간은 국가의 통치자가 되어야 하고, 육체적인 힘이 강한 동 인간은 생산자의 일을 하면서 통치자에게 복종해야 한다는 것이 플라톤의 주장이다.

이처럼 플라톤이 금, 은, 동이라는 세 가지 인간 유형에 관한 신화 이야기를 고상한 거짓말이라고 한 이유는 무엇일까? 그의 궁극적인 목표는 이성에 따른 합리적인 나라 또는 정의로운 나라의 건설이다. 그는 국가의 통치가 부나 신분이 아닌 이성에 따라 이루어져야 함을 강조한다. 이 점에서 플라톤의 정치 철학은 그 진보성이 인정될 수 있을 것이다. 문제는 욕구적인 성향이 강한 생산자 계급이 자신의 본성에 어긋난 욕심을 보일 때다. 그들이 철학자 왕의 이성적 명령에 불만을 갖는 경우 나라의 한마음 내지 단일성이 실현될 수 없기 때문이다. 결국 누가 통치하고 누가 통치를 받아야 하는지에 대한 동의와 결속을 위해 고상한 거짓말이 요청되는 것이다. 그렇게 플라톤은 국가에 세 계급이 존재하며, 각 계급은 그 본성에서 차이가 있음을 시민들이 믿도록 거짓말을 해야 한다고 주장하는 것이다.

이렇듯 플라톤은 통치자들에게 거짓말을 할 수 있는 면허증을 부여한다. 그러나 플라톤의 통치자에 대한 거짓말 허용은 엄격한 조건하에서만 인정되고 있다는 걸 간과해서는 안 된다. 그 조건이란 첫째, 통치자는 거짓말을 선용하기 위한 정의와 선에 대한 지식을 소유하고 있어야 한다. 둘째, 정직이 거짓말보다 우선하는 가치여야 한다. 마지막으로, 통치에서의 거짓말이 불가피할 경우 그것은 자신의 이익이나 권력 유지를 위한 것이 아니라 피통치자인 생산자 계급의 이익과 좋음을 위해 선용되어야 한다. 플라톤이 생각하기에 이상 국가 건설을 위해서는 철학자 왕과 같은 통치자에게 때때로 진실을 숨기는 것이 허용될 수 있다. 물론 통치자에게 이러한 거짓말의 면허를 부여하는 목적은 시민들의 행복을 위한 것이지, 그의 이익을 실현하기 위한 것이 아니다.

그러면 국가의 최고 통치자에 의한 거짓말은 과연 플라톤이 기대하는 것처럼 국가의 단일성을 실현할 수 있는 순기능을 현실 속에서 발휘할 수 있을까? 플라톤의 최고 통치자에 대한 거짓말 허용은 크게 두 가지 문제에 직면하는 것으로 생각된다. 하나는 철학자 왕과 같은 이성적인 영혼의 소유자를 현실적으로 찾기 어렵다는 것이다. 플라톤이 정의하는 최선자는 그 태생적 본성이 진리를 사랑하는 철학자의 영혼을 가졌기 때문에 애초 정치 권력에 대한 욕심이 없는 자다. 플라톤이 이러한 철학자 왕과 같은 유형의 인간에게 나라의 통치를 강제로라도 맡겨야 한다고 단호한 어조로 말하는 이유가 여기에 있다. 많은 사람들에게 통치자가 되려는 이유는 자신의 이익과 권력욕에 있지만, 철학자의 본성을 가진 자는 이러한 정치 권력이나 물질적 재화에 욕심이 없기 때문이다. 그는 단지 정의와 선의 이데아를 국가적 차원에서 이성을 통해 실현하는 것에 즐거움을 느끼는 인간이다. 이러한 참된 정치가에 의한 이성의 통치의 결실은 오롯이 생산자 계급이나 전사 계급이 향유하는 것이기 때문에 피통치자 입장에서도 좋은 것으로 동의할 수 있다는 것이 플라톤의 생각이다. 이렇게 함으로써 통치자와 피통치자가 한마음이 되는 아름다운 나라가 수립될 수 있다는 것이다.

다른 하나는 설사 철학자 왕과 같은 통치자를 찾아서 통치 업무를 맡기더라도 다수의 피통치자들이 그의 통치에 복종하겠는가 하는 의구심이다. 특히 비철학자인 생산자 계급이 참정권이 원천적으로 허용되지 않은 상황에 대해 불만이 없겠는가 하는 것이다. 익히 플라톤의 이상 국가를 비판한 바 있는 아리스토텔레스는 생산자 계급의 불만으로 혁명이나 분쟁이 발생하는 게 얼마든지 가능하다고 주장했다. 플라톤의 최선자인 통치자 계급에 대한 거짓말 허용은 두 가지 난제, 곧 철학자 왕과 같은 이성적인 통치자를 찾기가 쉽지 않으며, 그러한 통치자의 거짓말을 순진하게 믿고 복종할 대중들도 찾기 어렵다는 현실적 어려움을 먼저 해결하지 않으면 안 된다.

플라톤의 거짓말은 오늘날의 관점에서 보면 현실적인 적실성이 떨어지는 게 사실이다. 그러나 현재의 정치적 영역에서의 부정적인 양상들을 통해 플라톤을 평가하려는 시도는 자칫 시대착오적인 실수를 낳을 수 있다. 무엇보다 플라톤이 고상한 거짓말이 필요하다고 주장한 이면에는 통치자의 사적 소유 금지나 처자 공유제와 같은 인간적인 탐욕과 욕망을 제어할 수 있는 시스템이나 법적 기제가 놓여 있다. 또한 플라톤이 모델로 제시하는 철학자 왕과 같은 통치자는 그 본성 자체가 권력이나 부가 아닌 진리를 지향하고 있다는 점을 간과해서는 안 된다.

마키아벨리에게서 군주의 거짓말

근대의 정치 철학자 마키아벨리Niccolò Machiavelli가 제시하는 통치자인 군주는 플라톤이 낙관적으로 보았던 철학자 왕에 의한 거짓말의 선용 문제를 좀 더 현실적인 관점에서 접근한 것으로 볼 수 있다. 마키아벨리가 보기에 피통치자인 대중은 그 본성이 사악하고 변덕스럽고 폭력적이고 이기적이다. 그렇기 때문에 그러한 대중을 통치하기 위해서는 통치자가 좀 더 영리해질 필요가 있다. 즉 군주는 국가의 안정과 복지를 실현하기 위해 좀 더 세련된 통치 기술로 무장할 필요가 있다는 것이다. 마키아벨리가 군주로 하여금 훌륭한 통치 능력을 발휘하기 위해 갖추어야 할 중요한 무기로 조언하는 것이 바로 거짓말이다. 그는 『군주론』 18장에서 군주가 갖출 덕목에 대해 말하면서 거짓말의 필요성을 역설한다. 그가 보기에 역사 속의 많은 위대한 군주들의 경우, 그 성취의 원동

력은 진실이 아니라 거짓 또는 기만이기 때문이다. 군주는 사자의 용맹함도 필요하지만, 통치를 효율적으로 하기 위해서는 여우가 갖고 있는 지략도 필요하다는 게 그의 생각이다.

마키아벨리가 이렇게 정치에서의 거짓말이 악이 아닌 선이 될 수 있다고 보는 건, 기본적으로 정치를 윤리나 종교와는 다른 영역으로 간주하기 때문이다. 거짓말이 윤리나 종교적 측면에서는 악이 되더라도 정치의 영역에서는 선이 될 수 있고, 그렇기 때문에 적극적으로 이용해야 한다는 생각이다. 이것은 마키아벨리가 기본적으로 인간의 본성에 대한 비관주의적 입장에 서 있기 때문이다. 그가 볼 때, 다수의 군중은 변덕스럽고 이기적이며 사악하기 때문에, 이들을 대상으로 정치적 목적을 실현하기 위해서는 거짓말과 같은 수단을 사용하는 것이 정당화될 수 있는 것이다. 다시 말해 마키아벨리에게 중요한 것은 권력 유지다. 이것을 위해서 군주는 특히 여우의 간교함이나 지략이 요구되는데, 그 중요한 수단이 거짓말이나 위증이다. 〈군주는 위선과 속임수의 대가가 되어야 한다. 사람들은 단순하고 눈앞의 이익에만 관심을 두기 때문에 사기꾼은 언제 어디서나 자신의 희생자를 찾을 수 있다(『군주론』 XVI~XVII).〉

이러한 거짓말의 전형으로 마키아벨리는 알렉산더 6세를 든다. 그는 평생 동안 〈오로지 속일 궁리만 하고 살았다. 그리고 언제나 그는 속일 수 있는 대상을 찾았다.〉 알렉산더 6세만큼 약속을 많이 해놓고 안 지킨 사람이 없었다. 거짓말 계에서 가장 모범적인 인물이다.

마키아벨리에 따르면, 군주는 인민이 원하는 목표를 달성하면 그가 사용하는 수단은 언제나 고귀한 것으로 여겨지고, 모든 사람에 의해 칭송을 받는다(『군주론』 XVII, 5). 군주에게 도덕적 평가는 의미가 없다. 거짓말과 위선은 군주에게 허용된 무기이자 추천되는 무기다. 하지만 간과해선 안 될 점은, 플라톤이 최고 통치자에게 거짓말의 면허증을 인정한 것이 공동선을 이루기 위한 목적이었던 것처럼, 마키아벨리 역시 군주의 거짓말을 국가의 안정과 복지를 위한 목적으로 인정한 점이다.

　그러면 마키아벨리가 생각하는 통치자의 거짓말은 오늘날의 정치인 내지 통치자에게 의미 있는 제안이 될 수 있을까? 오늘날의 시민 의식이 마키아벨리가 생각하는 시민의 정치적 의식 수준과 차이가 있는 것을 고려할 때, 그 적실성은 좀 더 진화된 형태로 탈바꿈하지 않으면 안 될 것으로 보인다. 더군다나 매스미디어나 인터넷과 같은 정보 통신 기술의 혁명적 발달로 정치인의 거짓말이 현실적인 효과를 발휘하기 어려워진 점도 간과할 순 없다. 그러나 20세기의 정치 철학자 한나 아렌트의 분석을 보면, 정치인들의 거짓말이 민주적인 국가들에서 더욱 교묘하면서도 조직적인 기만술로 변질되고 있음을 알 수 있다. 그녀의 「정치에서의 거짓말」이라는 논쟁적인 글을 통해, 현대 정치에서 거짓말이 어떻게 사실적 진리를 대체하고 있는지 살펴보도록 하자.

한나 아렌트의 「정치에서의 거짓말」

한나 아렌트의 「정치에서의 거짓말」이란 글이[48] 전 세계로부터 주목받은 이유는, 이 글이 현대의 초강대국인 미국에서 정치에서의 거짓말이 어떻게 대규모적인 차원에서 조직적·음모적으로 이루어지고 있는지를 폭로하고 있기 때문이다. 그녀는 이 글에서 미국이 2차 세계 대전부터 1968년까지 인도차이나반도에서의 수행한 역할을 기록한 비밀문서, 소위 펜타곤 문서에 나타난 정치적 차원에서의 조직적 은폐나 교묘한 거짓말을 분석한다. 그래서 거짓말이 단순히 전체주의 국가뿐 아니라 미국과 같은 민주 국가에서도 국가 기관에 의해 체계적으로 이루어지고 있음을 고발한다. 그래서 거짓이 정치적 영역에서 사실적 진리보다 어떻게 더 설득력이 있는 것으로 받아들여지는지를 파헤친다.

아렌트의 분석에 따르면 정치에서의 덕은 거짓이지 진실이 아니다. 정치의 핵심은 세상의 변화이며, 따라서 정치인은 행동하는 존재로서 세상을 변화시키고자 하는 자다. 그런데 새로운 것은 무로부터 만들어지는 것이 아니라 원래 거기에 있던 것, 즉 실재로부터 만들어진다. 문제는 사실이 바로 실재라는 점이다. 따라서 정치인은 실재, 즉 사실을 변화시키고자 하는 자이며, 이것은 곧 사실의 부정을 통해 이루어질 수밖에 없다. 여기서 정치인의 고의적인 거짓말이 있게 된다. 자신의 목적을 위해 진리의 고의적인 부정이 이루어지는 것이다. 따라서 정치인은 거짓말로써 세상을 변화시키고자 하는 자이고, 그것을 성취하기 위해 사실과 진리를 부정하거나 왜곡한다.

그리고 아렌트에 따르면 정치인이 세상을 변화시키기 위한 중요한 수단으로 삼는 것이 이미지 메이킹image making이다. 정치인은 사실이 아닌 허위가 더 진리이고 참인 양 조작해야 하기 때문이다. 정치인이 허상을 더 사실적이고 진리인 것처럼 만드는 이유는 자신의 정치적 비전을 청중들에게 확신시키기 위해서다. 또 주어진 사실들을 자신의 목적에 맞게 변형하거나 재단할 필요가 있기 때문이다. 그는 이러한 대중 조작술을 이용하여 사실들을 왜곡하며 이것을 더 대중의 구미에 맞게 만든다. 자신의 목적에 맞지 않는 불필요하거나 거북한 사실과 진리들을 제거함으로써 조작된 거짓 세계를 청중들에게 설득력이 있도록 만드는 것이다. 즉 청중들이 듣고, 보고 싶은 내용으로 사실들을 가공하는 것이다.

이렇게 국가 권력은 거짓말을 통해 참된 현실보다 더 그럴듯한 가짜 현실을 만들어 낸다. 사실적 진리보다 거짓이 더 그럴듯한 사실이 되는 것이다. 이렇게 타락한 정치인 내지 행정 관료들은 대중들로 하여금 인위적으로 왜곡시켜 만든 허구적 현실을 그들의 욕구와 이익을 실현시켜 줄 수 있는 것으로 믿게끔 한다. 강압적인 거친 방식보다는 거짓말이라는 좀 부드러운 방식이 목적을 효율적으로 달성할 수 있으면서도 해가 적은 수단이 되는 것이다.

그렇다면 객관적 사실이나 진리가 과연 거짓말의 대상이 될 수 있을까? 아렌트가 보기에 정치는 진리의 영역이 아니라 토론의 영역이다. 문제는 사실이나 진리의 특징은 토론의 대상이 되지 않는다는 것이다. 이런 이유로 진리는 교조적이며 강요적이다. 그렇기 때문에 정치적 관점에서 볼 때 진리는 전제적이다. 정치인에게 필요한 정치술은 바로 사실적 진리를 의견으로 변형시킬 수 있는 능력이다. 특히 환영받지 못하는 객관적 사실 내지 진리는 종종 토론의 대상이 되는 의견으로 변환되어야 한다.

그러나 의견은 거부나 타협의 대상이 될 수 있지만, 환영받지 못하는 사실은 완고하며 직접적인 거짓말에 의해서만 제거될 수 있다. 정치인들에게 사실을 해석할 수 있는 권리는 있어도 사실들 자체를 변화시키는 것은 허용되지 않기 때문이다. 따라서 정치인들이 사실적 진리에 대해 신빙성을 없앨 수 있는 방법은 그것이 강하게 참이 아니라고 하는 것이다. 사실적 진리에는 기억할 수 있는 증거가 필요하고 신뢰할 수 있는 증인이 요구된다. 그러나 증인은 불신받을 수 있고, 문서는 위조될 수 있다. 사실이 조작되거나 고의적으로 잘못 제출되는 경우는 얼마든지 있다. 이런 점에서 사실적 진리는 항상 취약하다.[49]

아렌트의 주장에 따르면 거짓말의 극치는 거짓말을 하는 정치인이 자기 자신을 속여 그것을 믿는 것이다. 정치인들은 가장 성공적인 거짓말쟁이가 되기 위해 자신을 속일 수 있어야 한다. 실제 성공한 정치인일수록 자기기만 능력이 뛰어난 것을 확인할 수 있다. 가장 성공적인 거짓말쟁이는 자신이 한 거짓말을 믿음으로써 사람들에게 더 큰 확신을 줄 수 있다고 여기기 때문이다. 이렇게 자기기만에 빠진 정치인은 목표가 이미 성취된 것처럼 미래의 장밋빛 상황 속에 자신을 놓을 수 있어야 한다. 결국 성공적인 정치인은 그렇게 자기기만의 먹이가 되는 것이다.[50]

『논어』「안연(顏淵)」 편에 제자 자공(子貢)이 공자에게 정치가 무엇인지를 묻는 장면이 나온다. 이에 공자는 정치란 〈먹을 것을 풍족하게 하고, 군사력을 풍족하게 하고, 백성이 믿게 하는 것이다(足食, 足兵, 民信之矣)〉라고 답한다. 그러자 제자가 다시 스승에게 셋 중에 부득이 한 가지를 뺀다면 어느 것이 될지를 묻는다. 공자는 군대라고 답했다. 재차 제자가 나머지 두 가지, 즉 〈먹는 것〉과 〈신뢰〉 중에 어느 것을 뺄 수 있는지 물었다. 공자는 주저하지 않고 먹는 것이라고 답했다. 결국 공자가 생각하는 참된 정치란 백성에게 신뢰를 주는 것이다. 그래서 공자는 〈무신불립(無信不立)〉이라고 말한다. 즉 백성들의 〈신뢰가 없으면 서지 못한다〉는 뜻이다. 오늘날로 치면 공자는 군사력이나 경제력보다 신뢰를 국가 통치에서 가장 중요한 덕목으로 본 것이다.

공자의 이러한 말이 오늘날 우리 사회에 시사하는 바는 무엇일까? 일견 공자의 말을 한국 사회에 적용하기는 쉽지 않을 것 같다. 분단된 나라에서 군사력은 중요한 것이며, 천연자원도 풍족하지 않고 인구만 많은 작은 나라에서 먹고사는 경제 문제는 더할 나위 없이 중요한 요소이기 때문이다. 실상 군사력과 경제력이 없으면 백성들의 신뢰 역시 존재하기 어려울 것이다. 그런 나라가 부국강병의 나라가 될 수 없는 것은 자명하며, 이처럼 헐벗고 불안정한 나라에 사는 백성들이 통치자에 대한 신뢰감을 갖기는 어렵기 때문이다. 그러면 군사력과 경제력의 수준은 높지만 통치자가 백성들에게 신뢰를 주지 못하는 나라는 어떨까?

한 나라의 통치자가 강력한 군사력과 경제력을 자신의 사익을 추구하는 수단으로 악용할 경우, 그래서 피통치자인 백성의 신뢰를 잃은 경우, 그 나라를 강한 나라로 볼 수 있을까? 분명 이처럼 타락한 통치자가 다스리는 나라는 백성들의 신뢰를 얻지 못할 것이고, 강했던 군사력과 경제력도 더 이상 유지되기 힘들 것이다. 백성들은 타락한 통치자와 어떤 일도 함께하려 들지 않을 것이기 때문이다. 결국 통치자와 피통치자 사이에 신뢰가 존재하지 않으면, 군사력과 경제력도 사상누각이 될 것이다. 나라는 더 이상 한 나라가 아닌 분열된 두 나라가 되어 파멸로 치닫게 될 것이다.

그러나 한 나라의 통치자가 시민들을 기만하지 않고 신뢰와 믿음의 정치를 펼치면 시민들은 다시 통치자를 따라 힘을 합칠 것이며, 경제적으로 잘사는 나라, 군사적으로 강한 나라를 만들 수 있을 것이다. 결국 경제력과 군사력은 좋은 나라를 만드는 필요조건은 될 수 있지만 충분조건은 될 수 없는 것이다. 공자가 나라가 설 수 있는 근본적인 힘을 〈신뢰〉로 말한 진의(眞意)를 오늘날에도 되새겨 보아야 하는 이유가 여기에 있다.

우리는 언제부터인가 정치에 대한 환멸 속에서 더 이상 정치인을 믿지 못하는 것 같다. 그래서 정치인이 입만 열면 숨겨진 의도가 무엇인지 의심부터 한다. 정치인의 말을 그대로 믿지 못하는 사회적 분위기가 팽배하다. 애초 정치에 대한 불신을 초래한 것은 정치인이지만, 정치인의 진심조차 제대로 전달될 수 없는 사회가 〈제대로 선 나라〉라고 볼 순 없다. 〈제대로 선 나라〉는 정치인이 진실을 말하는 상징적인 존재로 여겨질 때 가능할 것이다.[51]

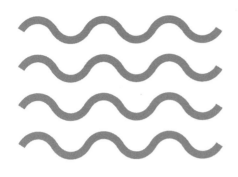

제4부

사유하지 않는 자는
왜 정의로운 인간이 될 수 없을까?

예루살렘의 아이히만과
아테네의 소크라테스

문명국 독일과 홀로코스트

단일 통화를 사용하는 강력한 유럽공동체의 중심에는 독일이 있다. 독일은 유럽공동체 가운데 가장 많은 유로화를 보유한 나라로, 실질적으로 유럽공동체를 이끌고 있는 주도국이다. 이런 독일의 막강한 경제력은 메르세데스 벤츠나 BMW로 대변되는 자동차 제조업과 다양한 분야에서의 발달된 기술력이 뒷받침되기에 가능한 일이다. 그러나 독일은 단순히 물질적 힘만 강한 나라가 아니다. 철학과 예술 그리고 문학 분야에서 이룬 업적 또한 눈부시다. 칸트나 헤겔과 같은 걸출한 철학자들이나 베토벤과 같은 음악 분야의 거성, 또는 괴테와 같은 대문호가 모두 독일 출신이라는 것이 그 사실을 말해 준다. 한마디로 독일은 서양 문명의 정점에 도달한 유럽의 중심 국가인 것이다.

그런데 이런 독일에게도 부끄럽고 고통스런 역사가 있다. 독일은 2차 세계 대전의 전범 국가로서, 특히 히틀러 통치하의 제3제국은 유대인 학살이라는 씻을 수 없는 만행을 저질렀다. 홀로코스트Holocaust[52]라는 약 600만 명의 유대인들에게 행해진 인종 학살이 바로 히틀러와 같은 독일인에 의해 자행된 것이다. 홀로코스트는 인간이 어디까지 인간이 아닐 수 있는지를 여실히 보여 준 20세기 최대의 반인륜적인 범죄라고 할 수 있다. 그것은 인간이 인간이기를 포기할 경우 나타날 수 있는 최대의 잔인성, 광기 또는 폭력성을 보여준 역사적 사건이다. 어떻게 이런 일이 인류 최고의 문명 국가로 여겨지던 독일이란 나라에서 발생한 걸까? 어떻게 당시의 독일인들은 히틀러와 같은 사악한 인간이 비인간적인 범죄를 저지를 동안 방관할 수 있었을까?

물론 홀로코스트의 주체는 분명 히틀러를 주동자로 한 나치 수뇌들이다. 그러나 그들에게 정치적 권력을 부여하고 전쟁을 일으키고 유대인을 학살하게 한 책임으로부터 당시의 독일인들 역시 자유롭다고 말할 수 없다. 그리고 그것이 지금의 독일 총리 앙겔라 메르켈Angela Merkel이 아우슈비츠 수용소 해방 70주년 연설에서 〈나치 만행을 되새겨 기억하는 건 독일인의 항구적 책임〉이라고 말한 이유가 될 것이다. 빌리 브란트Willy Brandt 전 총리부터 현재의 메르켈 총리까지, 독일인들은 나치 전범들이 유대인에게 자행한 범죄를 독일인의 수치스런 행위이며 〈역사에 마침표는 없다〉고 하면서 자신들의 영구적 책임으로 인정하고 사죄하고 있다.

그런데 현재의 독일인들의 참회나 속죄와 달리, 당시의 히틀러에 의한 유대인 집단 학살에 직접 참여했던 나치 관료로서 자신의 개인적인 책임과 잘못을 인정하지 않으려는 사람이 있다. 홀로코스트라는 유대인 대량학살과 관련하여 유대인들을 아우슈비츠로 이송하는 총책임을 맡았던 아이히만Karl A. Eichmann이라는 인물이다. 그는 자신의 행위를 명령에 따른 복종 의무에 따라 수행한 것으로 말하면서, 그 행위에 대해 후회하거나 수치스럽게 생각하지 않는다는 태도를 보인다. 이러한 아이히만의 태도를 어떻게 이해해야 할까?

이제부터 정의의 관점에서 아이히만이라는 히틀러 정권하의 한 나치 관료의 행위를 조명하고자 한다. 부정의한 명령에 대한 복종 의무에 따른 행위는 그 책임으로부터 자유로운 것으로 볼 수 있는지를 정의의 관점에서 평가해 보려는 것이다. 특히 아이히만 재판을 참관하고, 이에 관해 진단과 분석을 제시한 한나 아렌트를 통해 타인이나 국가의 부정의한 명령에 복종하여 이루어진 행위를 어떻게 평가해야 할지 생각할 것이다. 더 나아가 제2의 아이히만의 출현을 막을 수 있는 대안으로 〈생각하는 인간〉을 고려해 보고, 그 방책을 생각해 볼까 한다.

아이히만은 누구인가?

앞서 언급했듯이, 아이히만은 나치 정권하에서 이루어진 유대인 대학살의 주범이었다. 곧 히틀러가 최종 해결책이라고 명명한 유대인 대학살 과정에서 유대인들을 잡아 죽음의 수용소인 아우슈비츠로 이송시킨 총책임자였다. 전쟁이 끝난 후 그는 아르헨티

나로 도피하여 클레멘트라는 이름으로 살았다. 그러나 그의 운은 거기까지였다. 이스라엘 정보기관 모사드Mossad의 16년간의 끈질긴 추적 끝에 마침내 1960년 5월 11일 아르헨티나에서 체포되어, 1961년 4월 예루살렘 법정에 선 것이다.

그러면 아이히만 재판이 세상의 관심을 끈 이유는 어디에 있을까? 사실 전범에 대한 처벌은 이미 1945년 11월 20일부터 1946년 10월 1일까지 뉘른베르크 군사재판에서 이루어졌고, 괴링Hermann W. Göring을 비롯한 나치 수뇌들에 대한 사형 및 처벌도 모두 끝이 난 뒤였다. 그런데 아이히만이 앞선 나치 전범들과 다르게 세상의 이목을 집중시킨 이유는 무엇보다 재판 과정에서 그가 보여준 태도다. 유대인에 대한 인류 최대의 학살을 자행한 악인임에도 그는 자기 행위의 부정의함을 결코 인정하지 않았기 때문이다. 그는 재판 과정에서 일관되게 자신의 행위가 나치 정권의 상부 명령에 복종하여 수행된 당연한 의무였다고 담담하게 말한다. 자신의 행위는 유대인에 대한 증오나 악한 동기를 갖고 의도적으로 행해진 것이 아니라는 것이다. 그는 자신이 직접 유대인을 죽인 적도 없고, 시오니즘Zionism, 즉 유대 민족 운동에 반하는 이데올로기의 신봉자도 아니라고 주장한다. 단지 상부의 명령에 충실히 복종하여, 유대인들을 기차에 태워 보낸 공무원의 역할만 충실히 수행한 것밖에 없다는 것이다. 그렇기 때문에 그는 법정에서 한결같이 유대인 학살에 대한 자신의 범죄를 인정하지 않았다.

이러한 아이히만의 주장을 어떻게 이해해야 할까? 역시 수백만 명의 유대인들을 독가스실로 보낸 악인다운 주장과 태도라고 생각해야 할까? 실제로 아이히만의 재판 과정을 지켜본 세계의 많은 사람들은 그를 인간으로서는 해서는 안 될 광기의 범죄를 저지른 악마라고 비난했다. 그의 부정의한 행위는 단순히 유대인에만 국한할 수 없는 인류 전체를 향한 잔혹한 범죄였고, 심지어 그는 그것에 대해 일말의 후회와 고통도 느끼지 않았기 때문이다.

그런데 아이히만에 대한 세간의 평가와는 다른 각도에서, 그를 평범한 한 인간으로 보면서 그의 악행을 그저 보통 사람의 평범한 악으로 평가하는 사람이 있었다. 바로 20세기의 탁월한 여성 정치철학자 한나 아렌트였다. 그녀는 실상 아이히만이라는 한 인물이 세간의 관심을 받게 하는 데 중요한 역할을 한 사상가다. 그녀는 『뉴요커』 기자로 예루살렘에 파견되어 아이히만에 대한 재판 과정을 참관하고, 그에 대한 자신의 평가를 『예루살렘의 아이히만: 악의 평범성에 대한 보고서 Eichmann in Jerusalem: A Report on the Banality of Evil』라는 책으로 출판했다.

이 책에서 아렌트는 아이히만이 저지른 범죄가 가학적 동기나 악의를 갖고 행해진 것이라기보다는 히틀러에 대한 강한 복종 정신 내지 의무 의식을 갖고 행해진 것으로 보았다. 아이히만이 저지른 악행은 극히 평범한 한 인간의 악에서 비롯한 것이라는 지적이다. 그리고 이 진단에 따른 아렌트의 결론은 아이히만의 너무나도 평범한 악은 생각할 수 있는 능력의 결여, 즉 〈무사유thoughtlessness〉에서 비롯했다는 것이다. 이러한 그녀의 아이히만에 대한 평가는 당시 유대인들뿐 아니라 많은 학자들의 비판을 불러일으켰다. 아렌트의 분석과 달리, 아이히만은 자신이 하는 일이 어떤 의미를 지니고 그 결과가 얼마나 참혹한 것인지를 알면서도 자신의 출세를 위해 유대인에 대한 증오 속에서 그 일을 했다는 것이다. 그런데 어떻게 나치 정권의 탄압을 피해 미국으로 망명한 유대인인 한나 아렌트가 세간의 평가와는 다른 해석을 내린 것일까? 나는 이 물음의 답을 『예루살렘의 아이히만』(이하 EJ)에 나타난 그녀의 생각을 읽어 나가면서 찾아볼 것이다.

무사유와 평범한 악

아이히만은 몰락한 중산층 계급의 아버지를 두었고, 중학교를 중퇴했다. 나치 정권의 친위대 보안대에 들어가서 그가 맡은 일은 색인 카드를 정리하는 지루한 일이었다. 이후에 그는 〈유대 민족〉 부서로 자리를 옮겨 유대인들을 강제로 외국으로 추방하는 일을 맡았다. 이 분야에서 그는 두각을 나타냈다. 약간의 유대어도 할 줄 안 그는 8개월 만에 4만 5천 명의 유대인을 오스트리아에서 추방했다. 점차 그는 유대인들을 효과적으로 강제 추방시키는 전문가로 인정받기 시작했다. 결국 그는 나치의 최종 해결책으로 제시된 유대인 대량 학살을 위해, 모든 유대인들을 아우슈비츠로 이동시키는 운송 담당 총책임자가 되었다.[53]

한나 아렌트에 따르면 아이히만의 중요한 특징은 복종 정신이다. 아이히만의 죄는 그의 복종에서 온 것이며, 그에게 복종은 덕으로서 찬양되었다. 아이히만은 재판 과정에서 자신의 복종의 덕이 〈나치 지휘자들에 의해 남용되었다〉고 강변했다. 그는 자신이 명령에만 복종한 것이 아니라 법에도 복종했으며, 그래서 자신이 칸트의 의무 원리에 따라 일생을 살았다고 주장했다. 그는 히틀러의 말을 최고의 존엄한 법과 같은 힘을 가진 것으로 믿었으며, 그렇기 때문에 히틀러의 명령이 부정의하더라도 그것을 정의로운 명령으로 이해해 복종했다는 것이다. 따라서 그에게 〈최종 해결책〉으로 제시된 유대인 대량학살은 전혀 그의 양심을 어지럽히지 않았다는 것이다. 이것이 어떻게 가능했을까?

아렌트에 따르면 아이히만이 유대인 문제와 관련해서 자신의 죄에 대한 일말의 양심의 가책으로부터 자유로워진 일이 있었다. 그것은 1942년 나치 독일의 상급 관리의 모임이었던 반제 회의 Wannsee Conference 기간 동안에 〈최종 해결책〉에 대한 실행이 논의되어 결정되었을 때다. 아이히만은 참석한 나치의 주요 인물들이 야심적으로 〈최종 해결책〉을 수행하기로 결정한 것을 보고 자신이 갖고 있던 마지막 모든 죄의식으로부터 자유로워졌다고 말한다. 그는 〈당시 나는 일종의 본디오 빌라도의 감정과 같은 것을 느꼈다. 나는 모든 죄로부터 자유롭다고 느꼈기 때문이다(EJ, p. 114)〉라고 말하고 있다.[54] 본디오 빌라도가 예수의 십자가형에 대한 책임이 자신에게 있는 것이 아니라 당시의 유대인의 정치적 압박에 의해 이루어진 것으로 생각한 것처럼, 아이히만은 유대인에 대한 자신의 죄의식을 나치 수뇌의 결정에 따른 복종 정신으로 대체하는 것이다. 또한 아이히만과 나치 수뇌들이 〈최종 해결책〉을 야심차게 진행시키면서 취한 심리적 자기 방어책이 〈자기에 대한 연민〉이다. 다시 말해 아이히만과 나치 장교들은 고통받는 유대인들에 대한 연민을 자기 연민으로 바꾸었다는 것이다. 〈내가 나의 의무를 추구하면서 보아야 하는 것은 얼마나 끔찍한 일이며 (……) 이 임무가 얼마나 무겁게 나의 어깨를 짓누르는가(EJ, p. 106).〉 이렇듯 아이히만은 나치 정권에 의해 〈가치의 재평가〉가 전면적으로 이루어졌다고 말한다.

이런 것들을 고려하면 아이히만이 천성적으로 악의 유전자를 갖고 태어난 인물은 아닌 것으로 보인다. 그는 처음부터 나치의 적극적인 참여자는 아니었지만, 점차 출세의 길을 걸으면서 나치의 이데올로기를 내면화시켜 나간 것으로 보인다. 그는 직위가 올라갈수록 더욱더 자신의 능력과 성과를 가시적으로 입증하는 데 적극적으로 된 것이다. 홀로코스트를 위한 유대인 강제 이송의 총책임자로 올라섰을 때, 그는 더 이상 단순히 위에서 명령만 받는 수동적 관료가 아니었다. 홀로코스트를 완성시키기 위한 주연의 역할을 적극적으로 수행하는, 냉정하면서도 결단력 있는 나치 수뇌로 변화했다.

그러면 아렌트가 아이히만의 재판 과정을 지켜보면서 느낀 점은 무엇일까? 아이히만이 재판정에서 보여준 모습을 보면서 아렌트가 내린 결론은 아이히만은 지적인 능력이 부족한 바보도 아니고, 가학적 사디스트와 같은 괴물도 아닌 그저 평범한 한 인간이라는 것이다. 그렇기 때문에 아렌트는 아이히만이 저지른 악행을 〈평범한 악banality of evil〉이라고 말한다. 그런데 어떻게 그가 유대인 학살과 같은 반인륜적인 범죄를 아무런 양심의 가책도 느끼지 않고 행할 수 있었을까? 이에 대해 아렌트는 아이히만이 〈생각하는 능력〉을 결여하고 있었다고 결론 내린다.

그는 그저 자신이 무엇을 하고 있는지 결코 깨닫지 못했을 따름이었다. (……) 그는 바보가 아니었다. 그가 현 시기의 가장 악독한 범죄자 가운데 한 사람이 된 것은 아무런 생각을 갖지 않았다는 점 — 바보스러움과는 결코 같지 않은 어떤 것 — 때문이다(EJ, pp. 287~288).

아렌트가 아이히만을 관찰하면서 주목한 것은 그가 순전히 사고하지 못하는 무능력자라는 것이다. 아렌트는 그의 사고할 수 없는 무능력의 단적인 양태를 그가 〈상투어가 아닌 단 하나의 문장도 표현할 줄 모르는(EJ, p. 48)〉 데서 찾는다. 아이히만은 나치 정권의 관공서에서 사용된 관용어Officialese를 쓰지 않고서는 어떤 경우에도 자신의 의견을 전달할 수 없는 인물이라는 것이다. 아렌트가 생각하기에 아이히만의 이러한 말할 수 없는 무능력은 곧 그의 〈생각하지 못하는 무능력, 다시 말해서 다른 사람의 관점에서 생각하지 못하는 무능력과 밀접하게 관련되어 있다(EJ, p. 49).〉

생각하고 판단하지 못하는 인간은 결국 타인의 관점에서 역지사지하여 사태를 바라볼 수 없다. 이것은 곧 그가 타인의 고통에 대한 연민을 가질 수 없음을 의미한다. 그렇기 때문에 아이히만은 홀로코스트가 진행되는 과정에서 자신이 무엇을 하고 있는지 깨닫지 못한 것이다. 그의 눈에는 단지 정확하게 아우슈비츠로 보내야 할 유대인의 숫자만 중요했다. 그에게 유대인들은 인간이 아니라 단지 숫자에 불과했다. 스스로 생각할 수 있는 능력을 결여하고 있던 아이히만은 인간의 존엄성에 대한 가치를 인식할 수 없었던 것이다.

아렌트에 따르면 생각하기를 멈추는 자는 인간이기를 중지하는 것이다. 아이히만은 결국 사고하기를 중지함으로써 인간이기를 포기한 것이다. 그의 무사유는 그의 영혼의 자리에서 유대인들에 대한 연민과 동정심을 없애고, 대신에 자신에 대한 연민과 히틀러에 대한 복종심만 가득 채운 것이다.

그런데 아렌트의 보고서에서 아이히만의 주목할 만한 주장이 있다. 그것은 그가 유대인 강제 이송에 대한 자신의 행위를 우연적인 것으로 생각하면서 죄책감을 못 느낀다는 점이다. 그는 나치와 같은 전체주의 국가하에선 어느 누구도 자신과 동일한 역할을 수행했을 거라고 주장한다. 아이히만은 다음과 같이 말한다. 〈좋은 정부의 시민인 것은 행운이고, 나쁜 정부의 시민인 것은 불행이다. 나는 운이 없었다(EJ, p. 175).〉 아이히만은 자신의 복종 정신이 나치 정권과 같은 나쁜 정부하에서 이루어졌기 때문에 문제가 되지, 만약에 좋은 정부하에서였다면 선한 시민 또는 훌륭한 시민의 덕으로 칭찬의 대상이 되었을 것으로 생각하는 것이다. 곧 그는 자신이 처한 상황에서는 거의 모든 독일인들이 자신과 똑같이 행동했을 것으로 여기는 것이다.

이와 관련하여 심리학자였던 스탠리 밀그램Stanley Milgram의 복종에 관한 흥미로운 실험을 떠올려 볼 수 있다. 밀그램은 사람들이 어떻게 권위에 복종하는가에 대해 연구하면서, 권위에 복종하는 것은 개개인의 성격 탓이 아니라 권위적인 상황에 있다는 점을 실험을 통해 입증했다.[55] 이 실험은 아이히만에 대한 아렌트의 묘사와 연결되면서 나치 치하에 있던 이들의 행동을 이해하는 데 기여했고, 밀그램 자신도 양자 사이의 연관성을 직접 언급했다.[56] 이것은 전체주의적인 국가에서는 평범한 사람도 얼마든지 권위에 복종하여 홀로코스트와 같은 대량학살의 악행을 범할 수 있다는 걸 의미한다. 아이히만 역시 거대한 나치 정권의 권위에 복종한 여느 평범한 인간이며, 누구든 아이히만과 같은 인간이 될 수 있는 것이다. 이렇게 보면 아이히만을 나치 정권이라는 거대한 기계 속에서 톱니바퀴처럼 반응한 평범한 관료로 볼 수도 있을 것이다.

그러나 아렌트는 이러한 아이히만의 주장, 즉 나치 정권의 대량학살 조직체에서 단지 하나의 도구로서의 역할만을 행한 것이 불운이라는 논리에 동의하지 않는다. 또한 그녀는 아이히만이 칸트의 『실천이성비판』을 읽었고, 그래서 칸트의 의무 원칙에 따라 살았다는 것에 의문을 제기한다. 왜냐하면 그는 칸트의 엄격한 살해 금지의 준칙에 관한 정언명법을 히틀러의 살해 지시 명령으로 대체해 그것에 복종했기 때문이다. 그러나 아이히만이 생각하는 것과 달리 칸트의 정언명법은 판단이나 사고하지 않고 맹목적으로 복종하라는 의무 원리가 아니다.

그러면 극단적인 악한 행위가 악한 의도나 동기 없이 이루어졌을 때, 행위의 원인을 어디서 찾아야 할까? 앞서 언급했지만, 아렌트가 보기에 그 원인은 사고하지 않음, 즉 〈무사유〉다. 달리 말해 구체적 현실에 대한 판단의 거부다. 주어진 목적에 대한 가치론적 판단이 결여된 상태에서 수단적 이성만 작동된 것이다. 유대인 인종 학살 자체의 옳고 그름에 대한 사고와 판단은 중지되고 단지 그것을 가장 효율적이면서도 신속하게 시행하기 위한 수단적 이성 내지 도구적 이성만 완벽하게 발휘된 것이다. 그래서 아렌트는 홀로코스트와 같은 학살이 보통 사람에 의해서도 얼마든지 일어날 수 있는 것으로 판단하는 것이다. 아렌트는 아이히만의 악행은 인간 본성에 내재한 악의 실체가 있기 때문에 이루어진 것이 아니라고 본다. 아이히만이 보여준 악은 누구나 갖고 있는 악, 그래서 평범한 의미의 악이기 때문이다. 아렌트는 다음과 같이 말한다. 〈현실감의 상실과 무사유는 인간 안에 내재할지도 모를 악의 욕구보다 더 많은 재앙을 낳을 수 있다. 그것이 실제로 우리가 예루살렘에서 배울 수 있었던 교훈이다.〉

그러면 아렌트는 아이히만의 악행이 그의 무사유에서 비롯한 평범한 악이기 때문에 죄가 없는 것으로 보는 걸까? 이에 대해 아렌트는 아이히만의 나치의 대량학살 정책에 대한 맹목적인 복종은 곧 히틀러에 대한 적극적인 지지로 볼 수 있으며, 이것이 비록 그의 무사유에서 비롯했더라도 그건 변하지 않는 사실로 남는다고 말한다. 그녀는 지구상의 어느 누구도 아이히만과 지구를 공유해서 살아가기를 원하지 않기 때문에 교수형에 처해져야 한다고 결론을 내린다(EJ, p. 279).

우리에게 남아 있는 물음은 무엇일까? 아마도 제2의 아이히만과 같은 무사유적 인간이 역사에 등장하지 못하도록 방책을 묻는

게 다음 순서일 것이다. 달리 말해 아이히만처럼 맹목적으로 복종만 하지 않고, 사고하고 판단할 수 있는 능력을 우리가 어떻게 배울 수 있는가 하는 것이다. 아렌트는 이러한 사고하고 판단하는 인간의 전형을 소크라테스에서 찾고 있다. 소크라테스가 어떤 삶의 방식을 취했기에, 아렌트는 아이히만과 다른 인간 모델로 그를 제시하는 걸까? 이 물음에 대한 답을 아렌트가 『정신의 삶*The Life of the Mind*』에서 기술하는 소크라테스의 철학적 삶의 방식과 사고 활동에서 찾아보도록 하자.

사유하는 인간의 전형 소크라테스

아렌트가 아이히만과 같은 무사유적인 인간의 대척점에 위치시키는 인간의 전형은 소크라테스다. 그녀가 생각하기에 소크라테스는 우리가 〈사유하기〉를 배울 수 있는 스승이다. 소크라테스가 가르치는 시민성은 바로 사고하는 인간, 판단하는 인간, 그리고 대화하는 인간의 올바른 모델이 될 수 있기 때문이다.[57] 이런 이유로 아렌트는 『정신의 삶』(이하 LM)에서 아이히만과 같은 맹목적으로 복종하는 인간이 탄생하지 않기 위해선 소크라테스가 보여준 삶의 방식, 즉 사고하고 판단하는 정신적 활동이 이루어져야 함을 역설한다. 그러면 소크라테스적인 삶의 방식으로서의 사고 활동은 어떤 것이며, 어떻게 이루어지는가? 아렌트에 따르면 소크라테스적인 사유하기는 먼저 정치와 같은 공적 영역으로부터 떨어져서 개인의 내면으로의 침잠이 필요하다. 여기에는 홀로 생각할 수 있기 위한 시간을 확보하는 것이 우선적으로 요구되기 때문이다. 이러한 홀로 생각하기를 통해서만 우리는 비로소 자신을 볼 수 있다는 것이 아렌트의 생각이다. 요컨대 소크라테스가 권하는 삶의 방식은 구체적인 현실에서의 정치 참여와 정치 활동을 시도하기 전에, 정치로부터 떨어져 자신의 영혼으로 깊숙이 들어가 사고 활동에 몰입하는 것이다.

하나 속의 둘 the two-in-one

그러면 소크라테스적인 홀로 사고하기는 순수한 진리 추구와 같은 관조적 활동을 의미하는 걸까? 이에 대해 아렌트는 홀로 생각하기가 단순히 진리 인식을 위한 순수한 활동 자체에 머무는 것으로 이해되어서는 안 된다고 말한다. 생각하기의 본질이 진리 추구일 경우, 그것은 단순히 진리를 향하는 수단으로만 간주될 수 있기 때문이다. 또한 현실과 무관한 이상 세계에만 국한되는 것으로 오해할 수 있다는 점에서도 인정하기 어렵다. 그래서 아렌트는 홀로 사고하기가 내면의 자기 자신과의 상호 대화를 통해 이루어져야 한다고 말한다. 아렌트는 이러한 소크라테스적인 사고 활동을 〈하나 속의 둘the two-in-one〉이라는 말로 표현한다 (LM, p. 179). 〈하나 속의 둘〉이라는 말은 중요한데, 그것은 아렌트가 이 말을 아이히만의 무사유와 평범한 악의 문제점을 비판하는 근거를 확보하기 위한 개념적 수단으로 활용하기 때문이다. 무엇보다 소크라테스적인 사고 활동으로서의 〈하나 속의 둘〉은 고립된 사고 활동이 아니라 〈나〉와 또 다른 내면의 〈나 자신〉 사이의 부단한 대화 활동을 의미한다(LM, p. 185). 이것은 나와 나 자신이 내면에 공존하면서 서로 질문하고 답하는 사유 활동을 의미한다. 그렇기 때문에 사유는 고독하지만 그것은 고립된 것이 아니다. 〈왜냐하면 사유는 이러한 문제 제기와 답변의 과정을 거치면서 실제《대화를 통한 여행poreuesthai dia tōn logōn》, 즉 변증법이란 대화를 하기 때문이다(LM, p. 185).〉 이런 점에서 소크라테스의 〈하나 속의 둘〉의 사고 활동은 플라톤의 〈나 자신과의 소리 없는 대화〉와는 다른 방식의 사고 활동이다.[58] 소크라테스의 대화술dialektikē[59]이 그런 것처럼 그것은 〈소리 없는 대화〉가 아니라 〈나〉가 끊임없이 모든 가능성을 가진 〈나 자신〉에게 묻고 〈나 자신〉이 그에 답하는 〈소리가 오가는 상호적 대화〉인 것이다.

그러면 아렌트가 〈하나 속의 둘〉의 대화 또는 〈나〉와 〈나 자신〉과의 대화를 강조하는 이유는 무엇일까? 그것은 아이히만의 〈상투적인 것cliche〉에 대한 맹목적 수용에 대하여 비판적 대안을 제시하고자 하는 데 있다. 아렌트의 설명에 따르면 상투적인 것들은 개인이 대응하지 않아도 되는 관습이나 기준 양식 등을 말한다. 이러한 것들은 개인에게 현실을 파악할 수 있는 특정한 인식의 틀을 제공한다. 그런데 문제는 개인이 상투적인 것에 의존하여 현실을 보게 될 경우 현실에 대한 올바른 판단을 하기 어렵다는 것이다. 아리안 민족의 우월성을 강조한 나치의 이데올로기처럼 체계화되고 독단적이며 교조화된 도그마dogma가 그 단적인 예다.

이러한 인종 우월주의적인 특정 이념의 논리에 포섭된 인간은 더 이상 현실을 직시하지 못하고 실재에 대한 올바른 판단 능력을 빼앗긴다. 아렌트에 따르면 〈이데올로기는 모든 일과 모든 사건을 단일한 전제로부터 연역하여 설명함으로써 그 지지자들에게 만족을 주는 주의다.〉 아렌트가 보기에 아이히만의 치명적인 문제점은 바로 나치 정권에 의해 주어진 상투적인 것을 아무런 문제의식 없이 받아들였다는 것이다. 그는 지성적인 면에서 결코 바보가 아닌, 아니 오히려 타인보다 더 빨리 계산할 수 있는 능력을 갖고 있었음에도 불구하고 상투적인 것에 대해 사고하지 않았던 것이다. 그래서 홀로코스트의 역사적·도덕적 의미를 깨닫지 못했고, 자신이 무엇을 하고 있는지를 직시하지 못했던 것이다.

아렌트의 생각에, 소크라테스의 〈하나 속의 둘〉의 대화를 통한 생각하기는 나치 정권에 복종했던 아이히만의 경우엔 전체주의적 체계와 틀로부터 주어진 상투적인 것에서 벗어날 수 있는 무기가 되는 것이다. 소크라테스적인 시민성을 가진 생각하는 인간은 상투적인 것의 환영(幻影)을 받아들이는 대신, 그것의 신비성을 제거하면서 구체적인 상황이 보여주는 복잡한 실제 현실을 보려 하기 때문이다. 이처럼 아렌트가 소크라테스를 무사유에 대척하는 바람직한 모델로 제시한 이유는, 바로 소크라테스의 홀로 생각하기가 기존 현실에 주어진 상투적인 것에 대해 지속적으로 의문을 제기하고 그것을 부정하면서 현실을 직시할 수 있는 사고 활동 형태이기 때문이다.

소크라테스는 모든 〈상투적인 것〉들에 의문부호를 붙이고, 그 근거를 따져 밝히고자 했다. 이를 위해 소크라테스는 나와 나 자신의 대화를 통해 합의를 이루기 위한 사고 활동을 일관되게 수행할 것을 역설했다. 아렌트는 〈하나 속의 둘〉의 일치를 강조하면서, 플라톤의 『고르기아스*Gorgias*』 편에서 소크라테스가 했던 말을 인용한다.

나는 비록 혼자지만 내가 나 자신과 조화되지 않는 음(音)을 내고 모순된 말을 하는 것보다는 차라리 뤼라가, 내가 후원했으면 하는 합창단이 어울리지 않는 음을 내고 틀린 음을 내는 것이 더 낫고, 다수의 사람들이 나에게 동의하지 않고 (나와) 반대되는 말을 하는 것이 더 낫다고 생각한다(482c).

그런데 문제는 〈하나 속의 둘〉의 사고 활동이 여전히 존재론적으론 〈나〉의 독자적인 주관적 생각이나 믿음이 될 수 있다는 것이다. 이것은 자기 자신과의 생각하기가 반드시 공적 영역에서 올바른 정치적 판단 능력으로 인정될 수 있는 것은 아니라는 문제를 발생시킨다. 아렌트는 이러한 문제에 대해 먼저 〈하나 속의 둘〉의 대화가 반드시 모순 없이 일치된 상태에 도달할 수 있는 것은 아니라고 말한다. 애초 〈하나 속의 둘〉의 사고방식에서는 〈나〉와 〈나 자신〉 사이에 차이나 모순이 존재할 가능성을 배제할 수 없기 때문이다. 〈나 자신〉은 〈나〉에 대해 친구가 되지만, 친구와의 대화가 항상 합일된 상태에 이를 수 있는 것만은 아닌 것이다. 설사 내면의 조화나 일치가 이루어지더라도 마찬가지다. 아렌트가 생각하기에 그러한 개인의 의견은 독단으로 빠질 위험성이 있기 때문이다.

바로 이런 이유로 아렌트는 소크라테스의 홀로 사고하기가 다시 타자를 향해 밖으로 나와야 한다고 말한다. 〈하나 속의 둘〉의 대화에서 발생한 차이나 모순의 극복을 위해선 다시 내면에서 바깥세상으로 나와야 한다는 것이다. 그래서 아렌트는 〈어떤 의견도 자기 안에서 자명할 수는 없으며, 진리에 관계된 생각이 아닌 의견과 관련한 생각이라면 그것은 언제나 의견의 나눔을 전제로 한다〉고 말한다. 이 말은 〈홀로 생각하기〉에는 〈함께 생각하기〉라는 과정이 필요하다는 걸 의미한다. 타인과 함께 대화하는 과정을 통해 홀로 생각한 것의 검증 작업이 이루어져야 한다는 것이다. 아렌트는 홀로 생각하기에서 〈나〉와 대화하는 〈나 자신〉이 진실한 친구인 것처럼 현실 속의 대화 상대자 역시 〈또 다른 자신alter ego〉인 친구가 될 수 있다고 본 것이다.

등에, 산파 그리고 전기가오리 비유

이런 점에서 아렌트는 〈하나 속의 둘〉의 사고 활동에서 발생하는 모순을 플라톤처럼 정신 속에서 하나로 통합할 수 있는 것으로는 보지 않는다. 여기서 아렌트는 소크라테스의 사고 활동 방식에 주목한다. 이 모순은 오직 외부 세계의 개입으로 해결 가능하다는 것이 아렌트의 생각이다. 그것은 소크라테스가 자신을 등에와 조산원, 그리고 전기가오리의 역할로 비유하는 것에서 알 수 있다 (LM, pp. 172~173). 첫째로 소크라테스는 자신을 등에로 비유한다. 등에는 잠만 자는 게으른 말 등에 달라붙어, 말을 못살게 굴어

잠을 깨운다. 마찬가지로 소크라테스는 자신의 전생에 걸쳐 아테네 시민들의 영혼을 덕과 정의로 계몽시키기 위한 자극을 주고자 했다. 아테네 시민들에게 〈어떻게 살아야 하는가〉 하는 물음을 계속해서 던짐으로써 그들의 사고를 자극하고 촉발시킨 것이다. 이는 아테네 시민들의 영혼을 부와 권력에 대한 욕망에서 선과 정의로의 영혼의 전회가 이루어지도록 하기 위한 것이다. 소크라테스는 말에 달라붙은 등에처럼 아테네 시민들의 사고를 환기시키기 위해 계속해서 닦달하고 캐묻는 삶의 방식을 취한 철학자다.

둘째로 소크라테스는 산파다. 산파는 자신은 애를 낳지 않으면서 임신부의 출산을 도와주는 역할만 한다. 마찬가지로 소크라테스는 자신은 답하지 않고 아테네 시민들에게 질문만 던짐으로써 시민들 스스로가 사고할 수 있도록 도왔다. 그래서 소크라테스는 자신의 문답법을 〈산파술maieutikē〉이라고 말한다. 시민들로 하여금 그들이 갖고 있는 잘못된 속견(俗見)들에 대해 검토하고 사고할 수 있도록, 그래서 이성에 근거한 판단을 할 수 있도록 돕는 조산원으로서 기여하고자 한 것이다.

마지막으로 소크라테스는 전기가오리로 비유된다. 마치 전기가오리가 다른 물고기를 쏘아 마비시키듯이, 자신은 대답하지 않고 아테네 시민들에게 계속 질문을 던져서 결국 시민들을 아포리아, 즉 당혹함의 상태에 이르도록 하기 때문이다. 소크라테스가 시민들을 당혹함의 상태로 만드는 이유는 분명하다. 그것은 아테네 시민들로 하여금 그들이 갖고 있는 의견이 잘못된 억견임을 깨닫도록 하기 위한 목적이다. 처음에는 자신들을 〈아는 자〉

로 생각했던 사람들에게 결국 그렇지 못하다는 것을 깨닫게 해줌으로써 무지의 자각을 일깨우기 위한 것이다. 〈아는 자〉는 더 이상 사고하려 들지 않기 때문이다. 이를테면 소크라테스는 아테네 시민들에게 〈정의가 무엇이고 용기가 무엇인지〉를 묻는다. 시민들이 여기에 답하면 다시 소크라테스는 반론을 제시하고, 상대가 궁지에 몰릴 때까지 이 과정이 줄기차게 이어진다. 결국 대화 상대방이 제시한 답변을 검토해서 논박하는 대화 방법, 즉 〈논박술elenchos〉을 통해 소크라테스는 아테네 시민들을 당혹함에 빠뜨려 새로운 사고를 하도록 다그치는 것이다.

아렌트가 생각하기에, 소크라테스가 서구 사상사에서 최고의 철학자로 인정받을 수 있었던 것은 바로 그가 사고의 바람을 불러일으킨 데 있다. 달리 말하면, 그는 각성되지 않고 깨어있지 않은 아테네 시민들의 사고를 사고할 수 있게끔 아포리아 상태로 이끌었다. 소크라테스는 이러한 당혹함의 상태를 아테네 시민들이 공유할 수 있도록 촉진한 사고의 등에이자 전기가오리인 것이다. 그래서 하이데거는 소크라테스가 〈서구인들 중 가장 순수한 사람이며, 그가 아무것도 저술하지 않은 이유〉가 바로 〈소크라테스가 평생을 통해 그리고 죽을 때까지 이러한 통풍, 즉 사고의 흐름 속에 자신을 올려놓고, 그 속에서 자신을 유지하는 일만을 행하였다〉는 데 있다고 말했다(LM, p. 174). 소크라테스는 시민들로 하여금 스스로 사고하고 판단할 수 있도록, 매일 집 밖을 나서서 아테네 어느 곳에서든, 그곳이 시장이든 체육관이든 아고라든 자신이 만나는 시민 누구와도 대화를 시작했다는 것이다. 〈위대한 철학자들은 시장 가는 길을 모른다〉[60]는 말은 적어도 소크라테스에게는 해당되지 않는 것이다. 그 반대로 소크라테스가 위대한 철학자가 될 수 있었던 것은 그가 시장 가는 길을 너무나 잘 알았고, 거기서 사고의 바람을 불러일으킨 데 있다. 소크라테스는 돈이 오가는 욕망의 터로서의 시장이 아니라 덕과 선 그리고 정의라는 정치적 덕의 실현의 터로서의 시장에 간 것이다.

정치적 판단과 양심

이처럼 아렌트가 소크라테스를 생각하기의 모델로 제시한 것은 바로 그가 자신의 생각하기를 타인과 더불어 공유하고자 노력했기 때문이다. 소크라테스는 항상 많은 사람들과 함께 사고하면서 시민의 한 사람으로서 홀로 생각하기를 몸소 실천한 적극적인 인물이었다. 따라서 소크라테스의 사고하는 삶과 활동은 〈홀로 사고하기〉와 〈함께 사고하기〉의 두 활동을 모두 포괄하는 것이다. 이런 점에서 아렌트가 보기에 소크라테스는 사고하고 판단하기를 사랑한 대표적인 철학자다. 그는 끊임없이 무엇이 선이고 악인지 또는 무엇이 정의이고 부정의인지를 묻고 고민한 인물이다.

지금까지 아렌트가 아이히만의 무사유에 대한 대안으로 제시한 소크라테스적 사고 활동을 살펴봤다. 간단히 정리하면, 소크라테스적 사고 활동은 정치적 판단과 관련하여 다음과 같은 의미 갖는다.

첫째, 사고하는 인간은 결코 악한 인간이 될 수 없다(LM, p. 179). 특히 〈하나 속의 둘〉과 같은 자신과의 내적인 대화를 통한 사고 활동은 인간의 양심과 함께한다는 점에서 그렇다. 아렌트는 양심은 소수의 특권이 아니고 모든 사람이 갖고 있는 재능이라고 말한다. 그리고 이러한 양심은 〈하나 속의 둘〉이 대화하는 과정에서 가장 명료한 형태로 발견된다. 양심은 우리가 행하고 회개할 바를 드러내 주는 것으로서 자연의 빛lumen naturale이자 칸트의 실천이성인 것이다(LM, p. 190). 아렌트가 생각하기에 소크라테스적 정신의 핵심은 바로 언제나 양심에 따라 〈질문을 던지는 존재question-asking being(LM, p. 62)〉가 되어야 한다는 것이다. 이런 점에서 〈하나 속의 둘〉의 사고하기 활동은 행위가 이루어지기 전에 이루어져야 하는 홀로 생각하기이며, 곧 자신의 양심과 대면하는 시간이다.

둘째, 소크라테스의 사고하기는 〈판단 능력the faculty of judging〉과 상호 관련된다(LM, pp. 192~193). 이것은 아렌트가 강조하는 〈하나 속의 둘〉의 사고 활동이 개인의 내면으로의 영원한 침잠이 아님을 뜻한다. 〈하나 속의 둘〉의 사고는 자신과의 대화 속에서 양심을 통한 참된 자아를 알기 위한 일시적인 사고 활동인 것이다. 그리고 자기 자신과의 반성적 대화를 통해 사유한 인간은 사고의 독단성이나 회의주의적 아포리아를 해결하기 위해 다시 공적인 세계로 나와야 한다. 자신의 철학적 사고와 탐구를 검증받고 확인하기 위해 공동체의 다른 시민과 적극적으로 소통해야 한다는 것이다. 이런 점에서 소크라테스의 산파술은 분명 정치적 함의를 갖는다. 아테네 시민의 무사유적인 생각을 파괴하기 때문이다. 소크라테스 대화술의 고유한 방법으로서 〈논박술〉은 바로 아네테 시민들의 판단 능력을 해방시키는 효과를 갖는 것으로 볼 수 있다. 공적 영역에서, 시민들 간의 상호 의견 소통을 위한 판단 능력을 길러 주기 때문이다.

양심이 내적인 자아에 관심을 갖는다면, 판단은 구체적인 것과 관련된 세계에 관심을 갖는다는 점에서 둘은 다르다. 다시 말해 판단 능력은 〈이것은 그르다〉 또는 〈이것은 아름답다〉와 같이 구체적으로 말할 수 있는 능력이자, 현상 세계에서 사고 활동을 구체적으로 드러나게 하는 활동이다.

앞서 말한 것처럼 소크라테스가 자신을 등에나 산파 또는 전기가오리로 비유한 것도 실은 아테네 시민들의 잘못된 정치적 판단 능력을 올바르게 교정해 주기 위한 목적에서 비롯한 것으로 볼 수 있다. 아테네 시민들의 도덕적·정치적 문제들에 대한 독단적이고 그릇된 판단을 선과 정의의 원리에 조회하여 올바른 판단을 내릴 수 있도록 하기 위한 것이다. 이런 이유로 아렌트는 소크라테스적 대화술이 공동의 의견과 진리를 얻기 위한 탐구 활동으로서, 공동체 시민들이 올바른 정치적 판단 능력을 갖추기 위한 중요한 수단이라고 본다. 소크라테스는 아테네 시민들과의 교차 질문을 통해 그들이 갖고 있는 잘못된 믿음과 편견이 정말로 올바른 것인지를 생각해 보도록 촉구한다. 이렇듯 소크라테스의 사고하기는 단순히 이상 세계에서의 진리 추구 활동이 아니라, 타인과 더불어 생각하는 공동의 사고 활동을 통해 완성된다. 건강한 공동체는 바로 시민 각자가 자신의 사고함을 통해 자신의 판단에 따른 의견을 갖고, 그것을 타인과 더불어 공유할 수 있어야 하기 때문이다. 소크라테스는 건강한 공동체가 이루어지기 위해서는 무엇보다 시민들 각자가 깨어 있는 영혼을 갖고 있어야 하며, 그래야만 올바른 정치적 판단을 내릴 수 있다고 본 것이다.

그러나 아렌트가 보기에 아이히만은 이러한 소크라테스적 사고와 판단을 행하지 않은 무사유적 인간이다. 그는 의사소통을 멀리하고 자기모순을 외면함으로써 자기 행위에 대한 책임을 전가한 것이다. 그는 모든 인간에게 주어진 사고할 수 있는 능력을 무책임하게 발휘하지 않은 것이다. 아이히만에게는 명령에 대한 복종 의무만 중요했지, 인간에게 본래부터 주어진 사고하는 능력, 사고해야만 하는 의무는 저버린 것이다. 그래서 그는 사유하지 않는 삶의 방식을 선택함으로써 인간의 본래적 가치와 의미를 부정한 것이다. 그는 자신의 삶과 행위에 대해 사유하지 못함으로써 타인과 소통할 수 없었고, 결과적으로 자신의 독단적 믿음과 오류를 확인받고 수정할 수 없었다. 그리고 그의 이러한 무사유가 인류성에 범죄를 저지르는 비극을 초래한 것이다. 그의 탄생이 지구상에 축복이 아닌 저주가 된 것이다.

부정의한 국가와 정의로운 인간

아리스토텔레스적 관점에서 본 아이히만

유대인 홀로코스트와 관련해서 아이히만에게 과연 그 책임을 물을 수 있는가는 중요한 문제다. 아이히만이 자신의 행위를 나치 수뇌의 명령에 복종해서 행한 것으로 말하면서 자신의 책임을 인정하려고 하지 않는다는 점에서 더욱 그렇다. 유대인 강제 이송은 자신의 판단과 결정에 의한 것이 아니라 위로부터 내려진 명령에 따른 것이기 때문에, 그 책임이 자신이 아닌 나치 수뇌에게 있다는 강변이다. 그러면 아이히만의 복종 의무에 따라 이루어진 행위에 대해서는 책임을 물을 수 없는 걸까? 한 인간의 행위에 대한 책임의 귀속은 어떻게 결정해야 할까?

나는 이와 관련하여 아리스토텔레스의 행위와 책임의 관계성에 대한 견해가 아렌트가 진단한 아이히만의 평범한 악을 이해할 수 있는 하나의 의미 있는 준거 틀이 될 수 있다고 생각한다. 이러한 작업을 통해 아이히만의 복종에 따른 행위가 왜 그 책임으로부터 자유로울 수 없는지에 대한 보다 분명한 해명이 이루어질 것으로 기대한다. 더 나아가 제2의 아이히만과 같은 인간이 나오지 않기 위한 대안으로 아리스토텔레스의 프로네시스phronesis, 즉 실천지의 중요성을 강조할 것이다. 아리스토텔레스의 실천지는 구체적인 현실 속에서 수단에 대한 판단뿐 아니라, 행위의 전제가 되는 목적 자체에 대한 반성적 사고와 판단의 원리로 작동한다. 그런 점에서 아이히만의 무사유를 극복할 수 있는 실천적 원리가 될 수 있다. 그리하여 아리스토텔레스가 윤리적 인간의 전형으로 제시하는 프로니모스phronimos, 즉 실천지를 가진 인간이 어떻게 아렌트가 비판하는 무사유적인 인간의 대척점에 놓일 모델이 될 수 있는지를 드러낼 것이다. 더 나아가 부정의한 국가하에서 정의로운 인간의 탄생이 가능한지도 생각해 볼 것이다.

자발성과 비자발성에 따른 행위와 책임

아리스토텔레스는 행위에 대한 책임을 묻기 위해선 해당 행위가 자발적으로 이루어졌는지, 아니면 비자발적으로 이루어졌는지를 구분하는 것이 중요하다고 말한다. 그에 따르면 자발성은 행위의 원인이 행위자 자신에게, 이와 달리 비자발성은 행위의 원인이 외부에 있는 것이다. 그런데 행위의 원인이 행위자 자신에게 있는지 외부에 있는지 구분하는 것만으론 책임성의 판단이 쉽지 않다. 자발성에 따른 행위라도 그것이 어느 정도의 인지 상태와 의도성

을 갖고 있는가에 따라 책임의 정도가 다르기 때문이다. 아리스토
텔레스적인 의미의 보다 엄격한 유형의 자발성은 해당 행위가 〈합
리적 숙고bouleusis〉와 〈선택결정prohairesis〉을 통해 이루어진 경
우를 말한다. 반면 자발적인 행위보다 비자발적인 행위는 더 다양
하게 구분된다. 대표적으로 강요나 무지에 의해 이루어진 행위가
여기에 속한다. 강요나 무지에 의한 행위는 분명 행위자가 원하거
나 알고서 행한 것이 아니기 때문에 의도적이지 않은 것으로 볼
수 있다.

  그러면 아리스토텔레스는 자발성과 비자발성에 따른 각각의
행위에 대한 책임성을 어떻게 규정하고 있을까? 먼저 합리적 숙고
와 선택결정을 통해 이루어진 행위에 대해서는 그것이 행위자의
분명한 인지 상태에서 의도적으로 이루어졌다는 점에서 그에 상
응하는 책임이 있게 된다. 이때의 책임은 행위의 부정의함과 악함
에 대한 도덕적인 비난이나 실정법적 차원의 처벌이 가해짐을 의
미한다.

  그러면 강요나 외적인 힘에 의해 이루어지는 비자발적인 행위
에 대한 책임은 어떻게 내려질까? 외적인 힘과 같은 강요에 의한
경우 그 책임을 묻기는 어려울 수 있다. 예를 들어 길을 가던 사람
이 갑자기 강한 바람이 불어 넘어지면서 옆에 있는 사람을 친 경
우를 생각해 볼 수 있다. 이 경우 옆 사람을 친 행위는 행위자의 의
도적 바람과는 무관하게 이루어졌기 때문에 비자발적인 것으로
볼 수 있다. 옆 사람을 친 행위의 원인은 전적으로 갑자기 휘몰아
친 강풍에 있기 때문이다.

다음으로 대상이나 사태에 대한 인지가 분명하게 이루어지지 못한 상황, 즉 무지에 의해 이루어진 부정의한 행위가 있을 수 있다. 이 경우엔 어떤 책임이 부과될 수 있을까? 일단 아리스토텔레스는 무지에 의한 행위를 〈무지에 의한 것〉과 〈무지 속에서 이루어진 것〉 두 종류로 구분한다. 여기서 〈무지에 의한 것〉은 개별적인 것에 대한 행위자의 무지에서 비롯된 행위를 말한다. 예를 들어 실수로 비밀을 발설하거나 실수로 투석기를 사용하여 상대방이 죽는 경우와 같은 것이다. 또는 잘 알려진 오이디푸스 이야기처럼, 오이디푸스가 교차로에서 만난 노인이 자신의 아버지인 줄 모르고 죽인 경우가 여기에 속한다. 아리스토텔레스는 이러한 경우들은 행위자가 대상이나 상황에 대한 구체적인 앎을 갖지 않은 무지에 의해 행한 것이기 때문에 비자발적인 것으로 보아야 한다고 말한다. 그리고 이와 같이 무지에 의해 잘못된 행위를 한 자는 자신의 행위 결과에 대해 후회하거나 고통을 느끼기 때문에 용서가 가능하다고 말한다.

비자발성의 다른 행위 유형인 〈무지 속에서 이루어진 행위〉는, 예컨대 분노나 성적 욕구로 인해 상대방을 때리거나 강간한 경우다. 이 경우들은 감정의 통제가 이루어지 않은 상태에서 발생한 잘못된 행위다. 아리스토텔레스는 분노나 성적 욕망은 인간의 자연스런 감정이고, 이와 같이 본성상 걷잡을 수 없는 감정의 격함에서 비롯한 행위는 그 순간의 무지 속에서 이루어진 것으로 본다.

그러면 격한 분노나 강한 성적 욕망으로 인해 사람을 죽이거나 강간을 한 경우 이에 대한 책임은 어떻게 규정할 수 있을까? 아리스토텔레스는 이러한 행위가 무지 속에서 이루어졌기 때문에 비난이나 처벌이 아닌 용서가 가능한 것으로 보는 걸까?

이에 대해 아리스토텔레스는 분노나 성적 욕망으로 인한 살인이나 강간이 설사 행위하는 순간에는 무지 속에서 이루어졌다 하더라도 행위자의 이전의 상태는 무지가 아닌 것으로 본다. 분노하기 전 단계에서는 앞에 있는 사람이 누구였는지 또는 성적 욕망을 불러일으킨 이 여성이 누구였는지 인지하고 있었을 것이기 때문이다. 따라서 상대방이 누구였는지 알고 있었음에도 이성에 의한 감정의 통제가 이루어지지 않은 원인은 분노한 자나 욕망에 가득 찬 사람, 그 자신에게 있는 것이다. 아리스토텔레스는 이처럼 감정을 자제하지 못하고 그릇된 행위를 하는 유형의 사람을 아크라테스akratēs, 즉 자제하지 못하는 자라고 부른다. 그리고 아크라시아akrasia, 즉 자제하지 못함은 그 책임이 이성에 의해 감정을 통제하지 못한 사람 자신, 즉 아크라테스에게 있는 것으로 규정한다. 아리스토텔레스에 따르면, 아크라테스의 그릇된 행위는 그것이 비록 합리적인 숙고나 선택을 통해 이루어진 것은 아니지만, 그 결과가 발생하게 된 원인은 행위자 자신에게 있기 때문에 그 책임으로부터 자유로울 수 없다.

그런데 행위와 책임의 관련성 여부에 대한 아리스토텔레스의 언급에서 단순하게 이해되기 어려운, 그러나 주목할 만한 유형의 행위가 있다. 외적인 강요에 의해 이루어진 행위이지만, 그 책임으로부터 자유로운 것으로 볼 수 없는 경우다. 아리스토텔레스는 폭풍우를 만난 배의 선장의 행위와 폭군에게 가족을 인질로 잡힌 사람의 예를 든다. 전자는 항해를 하다 폭풍우를 만나 배가 침몰할 상황에서 선원과 승객을 구하기 위해 선장이 소중한 짐을 배 밖으로 던지도록 명령하는 행위다. 이 경우 배를 구하기 위한 선장의 행위는 어떻게 평가해야 할까? 일견 앞에서 말한 강한 바람 때문에 옆 사람을 친 경우처럼 폭풍우라는 외적인 원인이 선장의 행위를 강요한 것으로 볼 수도 있을 것 같다. 값비싼 짐을 바다로 던지도록 명령한 선장의 행위는 결코 그가 원한 바가 아닌, 배에 탄 사람들의 목숨을 구하기 위한 불가피한 선택에 의해 이루어진 행위이기 때문이다.

그러면 선장의 행위는 어디까지나 폭풍우라는 외적인 원인에 의해 강요되어 이루어진 비자발적인 행위이기 때문에 그 책임을 물을 수 없는 걸까? 그러나 아리스토텔레스는 선장의 행위에 대한 책임성 판단은 폭풍우라는 외적인 원인에서만 찾아서는 안 된다고 말한다. 위기의 상황에서 배의 짐을 바다로 던질 것인지, 또는 던지지 말 것인지에 대한 최종적인 결정은 선장의 숙고적 판단과 결정에 의해 이루어졌기 때문이다. 선장의 행위는 폭풍우라는 외재적 원인과 선장의 숙고적 판단이라는 내재적 원인이 모두 고려되어야 하지만, 후자의 원인이 책임의 문제에서 좀 더 중요한 무게를 갖는다. 즉 자발적인 것과 비자발적인 것이 혼합된 행위지만, 그럼에도 불구하고 기본적으로 자발적인 행위로 간주해야 한다는 것이 아리스토텔레스의 생각이다.

폭군에 의한 협박의 경우도 생각해 볼 수 있다. 아리스토텔레스는 〈폭군이 어떤 사람의 부모나 자식을 인질로 잡고 그 사람에게 수치스런 행위를 하도록 명령하여, 만일 그 사람이 그 행위를 하면 부모나 자식을 살려 주고 거부하면 죽이는 경우)를 예로 든다. 이때의 수치스러운 행위는 예를 들어 옷을 벗고 나체로 길을 걷는 것과 같은 행위다. 이 사람은 이러한 행위가 자신의 자존감을 침해하는 모욕적이고 수치스런 일임을 알고 있지만, 가족을 폭군으로부터 구하기 위해 어쩔 수 없이 지시에 따른다. 아마도 우리는 이러한 행위를 한 사람에 대해 비난이 아니라 칭찬을 보낼 것이다. 왜냐하면 그 사람은 가족을 살리기 위한 고상한 목적을 위해 모욕과 고통을 감수하는 용기를 발휘했기 때문이다.

그러나 만약에 이 사람이 가족을 구하는 대가로 국가의 기밀문서를 적에게 넘겨주거나 폭군에 저항하는 의로운 정치인을 살해하는 부정의한 행위를 했을 경우, 그에 대한 책임과 비난으로부터 벗어나기는 어려울 것이다. 일견 기밀 정보를 누설한 행위가 가족을 구하기 위해 어쩔 수 없이 행해졌다는 점에서 이것이 비자발적인 행위로 보이기도 한다. 행위자의 그릇된 행위에 대한 책임이 가족을 살리려 한 사람보다는 그에게 명령을 내린 폭군에게 귀속되어야 하는 것으로 생각할 수도 있다. 그러나 아리스토텔레스에 따르면, 이 경우 폭군의 명령에 복종하여 부정의하거나 수치스런 행위를 한 최종적인 책임은 가족을 인질로 잡힌 사람 자신에게 있다. 그의 행위는 선택이 가능한 상황에서 그 자신의 숙고적 판단과 결정에 따라 이루어진 것이기 때문이다.

결국 아리스토텔레스에 따르면, 폭풍우를 만난 선장의 경우나 폭군에게 가족을 인질로 잡힌 가장의 경우나 모두 행위의 원인은 강요된 외적인 상황에서 찾아지기보다는 선장과 가장의 자발적 선택에 따른 것으로 보아야 한다. 선장은 짐을 배 밖으로 던지라는 결정을 하기 전에 이런저런 대안을 모두 생각했을 것이며, 가족이 인질로 잡힌 사람의 경우도 자신의 수치스런 행위와 가족의 목숨을 구하는 선택지를 놓고 고육지책 속에서 결정했을 것이기 때문이다. 선장과 가장의 행위는 비자발성과 자발성이 혼합된 행위이지만 궁극적으로는 자발적인 것으로 보아야 하며, 따라서 그 책임 역시 이들에게 속한 것으로 보아야 한다는 것이다.

아이히만의 복종 행위는 책임으로부터 자유로운가?

이제 아리스토텔레스의 행위의 종류와 그에 따른 책임성의 상호 관계에 대한 견해가 아렌트가 문제 삼고 있는 아이히만의 경우에 어떻게 적용될 수 있는지를 생각해 보자. 과연 아리스토텔레스의 관점에서 아이히만의 무사유적 악행은 어떻게 평가될 수 있을까? 아리스토텔레스의 아이히만의 행위에 대한 분석은 아렌트의 진단과 비교하여 어떤 차이가 있으며, 그 책임성 역시 다르게 내려질 수 있을까? 이제 이런 물음들에 대한 답을 제시하기 위해 위에서 분류한 아리스토텔레스의 행위와 책임성의 관계 유형 중 어느 것이 아이히만의 경우에 해당하는지를 살펴보도록 하자.

(1) 무지와 혼합된 행위 그리고 아크라시아의 관점에서

먼저 아이히만의 행위를 무지에 의해 이루어진 것으로 볼 수 있는지를 생각해 보자. 앞에서 말한 것처럼 아리스토텔레스는 무지와 관련된 행위를 〈무지에 의한 것〉과 〈무지 속에서 이루어진 것〉 두 경우로 나눈다. 전자의 무지에 의한 것은 행위자가 보편지와 개별지에 대해 모르는 경우로서 상황과 대상에 대한 인지가 없는 상태에서 이루어진 행위다. 앞서 설명한 바대로 아리스토텔레스는 이와 같은 무지에 의한 행위는 행위자가 자신의 행위에 대해 후회하고 고통스러워할 경우, 이에 대한 책임을 묻기보다는 용서하고 연민으로 대해야 한다고 본다. 아이히만의 행위를 이 유형에 속하는 것으로 볼 수 있을까?

무엇보다 아이히만은 유대인 강제 이송의 총책임자로서 자신의 결정과 명령에 의해 이송당한 수백만 명의 유대인이 어떤 결과를 맞을지 몰랐다고 보기 어렵다. 실제로 그는 개인적으로 유대인들을 총살하고 독가스로 죽이는 모습을 보았다고 증언한다(EJ, pp. 87~89). 아이히만은 자신이 무슨 일을 하는지를 너무나 잘 알고 있었다. 그는 정확한 시간에 정확한 숫자의 유대인을 기차에 태워 강제 수용소로 보냈으며, 그들이 거기서 어떤 일을 당하게 될지를 누구보다 잘 알고 있었다. 아이히만의 행위를 무지에 의한 것으로 보기 어려운 이유다.

그러면 아이히만이 반유대주의자로서 유대인에 대한 강한 증오나 분노에 의한 복수심에서 그들을 이송시킨 것으로 볼 수는 없을까? 하지만 아이히만이 유대인에 대한 개인적인 감정에서, 또는 이데올로기적 열성분자로서 유대 민족에 대한 지나친 증오심에 의해 행위를 했더라도 이 또한 아리스토텔레스가 말한 것처럼 그 책임이 면제되기는 어렵다. 유대인에 대한 강한 증오심이 그의 이성을 눈멀게 하여 설사 무지 속에서 악행을 범했다 할지라도 자신의 감정을 통제하지 못한 책임은 면제될 수 없기 때문이다(그러나 아이히만이 무지 속에서 악행을 범한 것으로 보기는 어렵다. 아렌트의 보고에 따르면 〈아이히만은 결코 유대인 혐오자가 아니었다 (EJ, p. 26, p. 33).〉 아이히만이 나치 정권의 반유대인주의 이데올로기에 대한 헌신적 믿음을 갖고 악행을 범한 것은 아니라는 의미다).

　아이히만의 행위를 아리스토텔레스적 관점을 통해 그 책임성을 밝히고자 할 경우 유력한 후보가 될 수 있는 행위 유형은 아무래도 외적인 강요나 협박에 의해 이루어진 경우다. 그가 한결같이 히틀러나 다른 나치 수뇌들의 명령에 대한 복종 의무에 따라 행위한 것밖에 없다고 말한다는 점에서 그렇게 볼 여지가 충분히 있다. 히틀러 정권은 실제로 전체주의 정권으로서 아이히만에게 유무형의 압력을 통해 부정의한 명령을 내린 것으로 볼 수 있다. 그러면 아이히만은 나치 정권의 유대인 이송 명령을 부정의한 것으로 생각하면서도 어쩔 수 없이 복종한 걸까? 유대인들에 대한 집단 학살이 비인간적인 범죄임을 알면서도 명령에 복종하지 않을 경우 자신과 가족의 생명이나 안전 또는 행복이 위협받을 수 있기 때문에 시키는 대로 한 걸까? 만약에 아이히만이 이러한 위험한 상황에 처해 유대인들을 이송시켰다면, 아리스토텔레스적 관점에서 볼 때 그의 행위는 부정의하지만 그를 악인으로 규정하기는 어렵다. 그가 악한 동기를 갖고 유대인 강제 이송을 추진한 것이 아니기 때문이다. 이 경우 그는 정의보다 자신과 가족의 이익과 행복을 더 우선시한 이기주의자로 볼 수 있을지언정 악인은 아닌 것이다.

그런데 정말로 아이히만의 행위를 나치 정권의 강요에 의해 이루어진, 그래서 본인은 원치 않았음에도 자신의 목숨과 가족의 행복을 위해 마지못해 한 행위로 볼 수 있을까? 그러나 아이히만의 행위를 이러한 유형으로 보기는 어려울 것으로 생각되는데 다음과 같은 이유에서다.

첫 번째, 아이히만이 나치의 명령 자체에 대한 거부 반응을 보이지 않았다는 점이다. 그는 나치 정권하에서 유대인 추방 운동을 담당하면서 자신의 능력을 인정받는 데 적극적이었으며, 시간이 갈수록 정권에 의해 부여된 유대인 학살 정책을 더 적극적으로 추진했다. 그가 자신의 복종 행위를 칸트적인 의무정신에 따라 실천했다고 말한다는 점에서 더욱 그렇다.

두 번째, 그는 자신의 행위에 의해 발생한 유대인 인종 학살이라는 비극적 결과에 대해 후회나 고통을 느끼지 않는다. 아리스토텔레스에 따르면 어떤 행위가 강요에 의해 이루어져 비자발적인 측면이 있을 경우, 행위자는 자신의 부정의한 행위의 결과에 대해 후회와 고통을 느낀다. 그러나 아이히만은 자신의 서명의 결과로 수백만 유대인이 아우슈비츠의 독가스실에서 고통스럽게 죽어간 것에 대해 일말의 후회와 양심의 가책을 느끼지 않는다. 그는 한

결같이 상부의 명령에 복종하여 행위했다는 말만 반복한다. 아이히만이 나치의 강요에 어쩔 수 없이 굴복하여 행위한 것으로 보기 어려운 이유다.

마지막으로 아이히만이 나치의 부정의한 명령과 자신의 출세나 가족의 이익 사이에서 갈등하다가 결국 후자를 선택한 것이 아닌가 생각해 볼 수 있다. 즉 아이히만은 자신의 행위로 유대인들이 학살을 당하게 되리라는 것을 잘 알고 있었고, 그래서 자신의 행위가 부정의하고 비도덕적이라는 것을 인식하고 있었지만, 자신의 출세와 가족의 행복을 우선시하여 잘못된 선택을 한 이기주의자가 아닌가 하는 것이다. 만약에 아이히만이 이런 이유로 행위한 것이라면 그는 아리스토텔레스가 말하는 아크라테스 유형의 인간이 될 것이다. 앞서 설명했지만, 아리스토텔레스는 이성과 욕구가 갈등하다가 욕구가 승리하여 비이성적인 행위를 하는 자를 아크라테스, 즉 자제하지 못한 자라고 규정하기 때문이다. 그렇다면 아이히만은 자신의 욕망을 우선시한 아크라테스일지는 몰라도 단적으로 악인으로 보기는 어렵다.

그러나 이 역시 아이히만에게 해당되는 것으로 보기는 어려울 것 같다. 복종에 대한 그의 신념으로 미루어볼 때, 아이히만이 나치 정권의 명령을 부정의한 것으로 판단했으면서도 자신의 출세와 가족의 이익을 더 우선시한 것으로 생각되지는 않기 때문이다. 요컨대 아이히만은 유대인 강제 이송의 총책임자로서 자신의 행위를 결코 부정의한 행위로 판단하지 않았다. 만약에 그가 자신의 행위를 해서는 안 되는 것으로 이성적인 판단을 했음에도 불구하고 출세와 가족의 이익을 우선시했다면, 재판 과정에서 일말의 죄책감이나 부끄러움을 느꼈을 것이다. 아리스토텔레스적인 의미에서 아크라테스는 자신의 이성의 원칙과 판단을 고수하지 못한 것에 대한 수치심이나 후회 또는 고통을 느낄 줄 아는 자이기 때문이다. 그러나 그는 명령 자체를 부정의한 것으로 판단한 것 같지도 않으며, 자신의 행위가 엄청난 비극을 발생시키는 범죄라는 것에 대해서도 무감각한 태도를 보인다. 아렌트가 말하는 것처럼, 그는 재판 과정 내내 관공서 용어로 답하는 나치의 전형적인 관료로서의 모습만을 보여 줄 뿐이다. 아이히만은 결코 아우슈비츠에서 잔혹하게 죽어간 사람들을 위해 눈물을 흘리지 않았다.

(2) 자발적 행위와 악인 그리고 인간성

그러면 아이히만의 행위는 아리스토텔레스의 행위 분류 중 어느 유형에 속하는 것으로 볼 수 있을까? 결국 아리스토텔레스의 행위 분류에서 아직까지 언급하지 않은 것은 자발적인 행위 유형이다. 과연 아이히만의 행위를 자발적인 것으로 볼 수 있을까? 이때의 자발적인 행위란, 아리스토텔레스에 따르면 엄격한 의미로서의 합리적 숙고를 통해 선택·결정한 것을 의미한다. 다시 말해 자발적인 행위는 목적과 수단에 대한 판단이 분명한 상태에서 의식적으로 행해진 것을 말한다. 히틀러나 힘러Heinrich Himmler와 같은 전쟁광은 그들의 반시오니즘 이데올로기에 따라 철저한 숙고와 선택을 통해 유대인 학살 정책을 실행했다는 점에서 분명 악인으로 볼 수 있다. 이들은 유대인에 대한 혐오나 증오 또는 가학적인 인종 편견주의와 같은 동기에 의해 자신들의 목적을 달성하고자 했기 때문이다.

그런데 아이히만이 이러한 악인들과 같은 동기에서 행위한 것으로 볼 수 있을까? 앞서 언급했지만, 아무래도 아이히만을 그러한 유형의 악인으로 보기엔 의심스러운 부분이 많다. 아이히만 자신이 강변하는 것처럼 그는 히틀러나 힘러처럼 유대인에 대한 증오나 복수심을 가진 것 같지도 않고, 또는 반시오니즘적인 이데올로기적 신념을 소유한 것으로 생각되지도 않기 때문이다. 다만 그는 히틀러나 힘러가 내린 명령에 대해 그 정당성을 사고하거나 판단하지 않고, 그저 복종한 것으로 볼 수 있다. 그가 재판 과정에서 말한 것처럼 주어진 상부의 명령에 대한 유사pseudo 칸트적인 복종 의무에 따라 행위했을 뿐이다. 또 아렌트의 보고에 따르면 아이히만은 자신의 명령에 대한 복종 의무를 나치가 과도하게 남용했다고 주장한다. 이런 점에서 아이히만을 히틀러와 같은 악인과 동일하게 보기는 어렵다. 하지만 중요한 것은 부정의한 명령에 대한 아이히만의 복종 정신을 어떻게 평가할 수 있는가 하는 것이다.

실상 아이히만에게 복종 정신은 어렸을 때부터 습관화된 것으로 보인다. 그는 〈어렸을 때부터 복종이 자신의 삶의 체계에서 결코 벗어날 수 없는 어떤 것이었다〉고 술회한다. 그래서 그는 명령을 따르지 않는 것은 생각할 수가 없었다고 말한다. 그리고 자신의 삶을 돌이켜보았을 때 명령을 받고 그것에 복종하는 삶이 실제로 매우 편한 삶이었으며, 그러한 삶의 방식에 따라 사는 것이 생각할 필요성을 최소화하는 것으로 이끌었다고 말한다. 간단히 말해 명령이 정의로운 것인가 부정의한 것인가에 대한 사고를 하지 않는 것이 자신에게 편안하고 쉬운 삶의 방식이었다는 것이다. 주어진 명령의 정당성 여부에 대한 생각 자체를 에포케epoche, 즉 판단 중지한 것이다. 그는 나치 정권의 충실한 관료로서 기능적 업무만을 효율적으로 수행한 것이다.

그러면 아이히만이 주어진 목적 자체, 즉 명령과 같은 것에 대해 사고하지 않음에서 비롯한 그의 악행은 아리스토텔레스적 관점에서 어떻게 평가할 수 있을까? 과연 나치와 같은 권위주의적이고 전체주의적인 국가하에서 아이히만의 권위에 대한 복종은 도덕적으로 문제가 없는 것으로 보아야 할까? 더군다나 그의 복종이 결과적으로 홀로코스트와 같은 반인류적인 극단적인 결과를 낳았을 경우에도 도덕적인 책임이 부여되기 어려운 것으로 보아야 할까? 『니코마코스 윤리학』(이하 NE)에서 아리스토텔레스의 다음과 같은 말을 주목할 필요가 있을 것 같다.

그렇지만 어떤 행위는 아무리 강요되었다고 해도 도저히 해서는 안 되고, 차라리 그 가장 끔찍한 일들을 직접 겪어 내면서 죽는 게 나은 경우도 있을 것이다. 에우리피데스의 작품에 등장하는 경우처럼 알크마이온으로 하여금 그의 어머니를 살해하지 않을 수 없게끔 강요하는 것은 사실 어이없는 일로 보인다(NE, 1110a27~29).

아리스토텔레스에 따르면, 설사 외부의 강요나 협박에 의한 것이라 하더라도 인간으로서 해서는 안 될 행위가 있다. 자식에 의한 모친 살해와 같은 행위가 그것이다. 아리스토텔레스는 에우리피데스Euripidēs 비극 작품에서 아들 알크마이온이 어머니를 살해하도록 강요받는 경우를 들어 아들의 모친 살해가 어떤 경우에도 도덕적으로 정당화될 수 없는 것으로 말한다. 설사 어머니를 살해해야 하는 정당성이 충분하게 확보되었더라도 말이다.[61] 그렇다면 알크마이온의 모친 살해가 어떤 정당화의 시도에도 실패할 수밖에 없는 것처럼, 아리스토텔레스 관점에서 볼 때 아이히만의 비인간적인 행위 역시 정당화될 수 없는 것이다.

아이히만은 재판 과정에서 줄곧 자신은 오직 상관의 명령에 따라 행위했다고 하면서 유대 학살에 대한 책임을 부정한다. 그러나 아렌트가 주장하는 것처럼 나치의 대학살 명령에 복종하여 그 일을 수행한 것은 곧 명령을 지지한 것으로 볼 수 있다. 아이히만은 나치의 명령이 초래할 엄청난 반인류적 범죄 행위를 인식하고 숙고할 충분한 시간을 갖고 있었다. 하지만 그는 명령의 정당성에 대해 최소한의 반성적 사고나 숙고를 하지 않았고, 할 의지를 보이지 않았다. 어느 정도의 지적인 사고 능력과 양심을 가진 인간이라면 당연히 그러한 상황에서 자신의 행위의 도덕적 의미를 생각해 봤을 텐데, 그는 그러지 않았다. 사고해야 할 것을 사고하지 않았고, 판단해야 할 것을 판단하지 않음으로써 그는 현실을 외면한 것이다. 그는 인간이 되기를 거부하고 자기 모순적인 삶을 산 부정의한 인간이다.

이는 아이히만이 사형 집행 이틀 전인 1962년 5월 29일, 당시 이스라엘 대통령에게 보낸 탄원서를 봐도 분명해진다. 독일어로

쓴 탄원서에서 그는 〈이스라엘 법정이 유대인 대학살 과정에서 자신의 역할을 과대 평가했다〉며 〈책임 있는 지도자가 아니었던 만큼 스스로 유죄라고 생각하지 않는다〉고 주장했다. 자신의 과오에 대한 참회보다는 변명과 애걸로 점철된 글이었다. 〈사람이 죽을 때가 되면 착한 말을 한다〉는 성현의 얘기는 적어도 아이히만과 같은 인간에게는 맞지 않는 것 같다.

부정의한 국가에서도 정의로운 인간의 탄생은 가능한가?

그러면 나치와 같은 전체주의 국가하에서는 아이히만이 주장하는 것처럼 명령에 따른 복종 이외에 다른 선택은 가능하지 않은 걸까? 아이히만은 나치와 같은 권위주의적이고 전체주의적인 국가하에서는 자신뿐만 아니라 모든 독일인들이 모두 자신처럼 복종했을 것으로 생각하는 것 같다. 모든 독일인이 잠재적으로 나치의 협력자이기 때문에 자신의 행위는 비정상적인 것이 아닌 지극히 정상적인 행위라고 주장하는 것으로 보인다. 선한 국가의 시민이었다면, 자신의 복종 행위가 훌륭한 덕으로 칭송받을 수 있었을 거라고 말하는 것도 이러한 맥락에서 이해할 수 있다. 민주적인 국가하에선 정의로운 인간으로 평가되고 훌륭한 시민으로 훈장을 받을 수도 있었을 거라는 얘기다. 그러면 전체주의적이고 부정의한 국가하에서는 정의로운 인간은 탄생할 수 없는 걸까?

선한 인간과 훌륭한 시민 그리고 프로네시스

나치 정권처럼 전체주의 국가하에서 정의로운 인간이 존재할 수 있는가 하는 물음과 관련하여 아리스토텔레스는 『정치학Politika』 3권에서 주목할 만한 답변을 제시한다. 〈훌륭한 시민〉과 〈선한 인간〉[62]의 동일성 논제가 그것이다. 아리스토텔레스에 따르면 〈훌륭한 시민〉은 국가가 추구하는 목적과 법을 충실하게 준수하고 국가의 명령에 따르는 자다. 아리스토텔레스는 배의 비유를 들어 훌륭한 시민을 설명한다.

항해를 하는 배 안에는 선장도 있고, 배를 운전하는 키잡이도 있고, 망보는 자도 있다. 또 그 밖에 다른 선원들이 각자 자신의 일을 수행한다. 이들 선장, 조타수, 조망꾼, 갑판원이 자신의 일을 충실하게 수행하면, 이들은 배의 목표인 안전한 목적지로의 항해에 기여하기 때문에 훌륭한 선원으로 간주된다. 마찬가지로 한 국가의 시민들이 각자에게 주어진 직분을 충실하게 실행하면, 이들은 모두 훌륭한 시민으로 간주될 수 있다. 이런 점에서 훌륭한 시민은 국가의 법을 준수하고 명령에 복종하는 충성심이 강한 인간이다.

그런데 문제는 훌륭한 시민의 개념이 정체(政體) 의존적이며 상대적으로 규정된다는 것이다. 즉 민주정의 훌륭한 시민이 있고 과두정의 훌륭한 시민이 있을 수 있다. 여기서 민주정의 훌륭한 시민을 과두정의 훌륭한 시민으로 규정할 수 없다는 문제가 발생한다. 자유를 정체의 기본적 가치로 삼는 민주정의 가난한 시민이 부를 정체의 최고 가치로 추구하는 과두정을 지지하고 충성심을 발휘하려고 하지 않기 때문이다.

이에 반해 아리스토텔레스가 말하는 〈선한 인간〉은 모든 정체를 아우르는 보편적인 개념이다. 다시 말해 선한 인간은 민주정에서뿐만 아니라 과두정에서도 그 덕을 잃지 않는다. 선한 인간은 좋은 정체에서뿐만 아니라 나쁜 정체에서도 선과 정의를 실천하고자 하기 때문이다. 그러면 선한 인간을 그 자체로 훌륭한 시민으로 간주할 수 있을까? 아리스토텔레스는 이상적인 국가에서는 선한 인간이 곧 훌륭한 시민이 될 수 있다고 말한다. 예를 들어 국가의 통치 업무를 올바르게 수행하는 통치자가 이 경우에 해당한다. 그러나 참주정과 같은 독재국가에서는 훌륭한 시민이 곧 선한 인간이 된다고 말하기 어렵다. 참주정하의 훌륭한 시민은 참주의 부당한 명령에 복종하여 충성심을 보이지만, 선한 인간은 복종하려 하지 않기 때문이다. 참주정과 같은 독재국가하에서 선한 인간은 훌륭한 시민과 다른 행동을 선택하는 것이다.

그러면 부정의한 국가에서 선한 인간의 행위가 훌륭한 시민의 그것과 다르게 나타나는 이유는 어디에 있을까? 아리스토텔레스는 양자의 차이를 실천적 판단 원리의 다름에서 찾는다. 아리스토텔레스는 이 판단 원리가 되는 덕을 프로네시스라고 부른다. 즉 선한 인간은 올바른 실천적 판단 원리가 되는 프로네시스를 소유하고 있지만, 훌륭한 시민은 프로네시스가 아닌 단지 올바른 의견 orthē doxa만을 갖고 있다. 여기서 아리스토텔레스가 강조하는 프로네시스가 어떤 특성을 가진 덕인지를 간단하게 설명하는 것이 도움이 될 것 같다.

프로네시스, 곧 실천지는 무엇보다 행동 결정을 위한 구체적 상황에서 발휘되는 지적인 덕이다. 이것은 실천지가 행위의 목적을 이루기 위한 수단에 대한 숙고적 판단 능력임을 의미한다. 즉 주어진 목적을 〈가장 쉽고 가장 훌륭하게(NE, 1112b17)〉 성취할 수 있는 수단을 선택하기 위한 숙고 능력이다. 그런데 오해해선 안 될 점은 실천지가 수단에만 관계하고 목적과는 무관한 덕이 아니라는 것이다. 이것은 아리스토텔레스가 실천지를 지닌 사람, 즉 프로니모스가 〈전체적으로 잘 사는 것(NE, 1140a25~28)〉의 관점에서 숙고적 판단을 하는 것으로 말하고 있기 때문이다. 이것은 수단에 대한 숙고적 판단이 목적과 분리되어 수단 그 자체에만 국한되어 이루어지는 것이 아님을 의미한다. 최선의 수단을 선택하기 위한 숙고는, 단순히 주어진 목적에 따라 수단을 선택하는 연역적 추론 방식에 의해 이루어지는 것이 아니기 때문이다. 〈가장 훌륭한〉이란 말이 의미하듯이 숙고적 판단은 단순히 기술적인 효용성만을 극대화하기 위한 판단 방식이 아닌 것이다. 그것은 수단을 탐구하는 과정에서 다양한 가치들이 고려되어야 하고 이러한 가치론적 판단은 효용성이나 이익의 차원이 아닌 전체적으로 잘 사는 것, 즉 행복의 관점에서 이루어져야 함을 의미한다. 이것은 수단적인 것들에 대한 숙고적 판단 과정이 그러한 수단들의 척도 내지 규제적 원리가 되는 목적 자체의 좋음 내지 합당성의 관점에서 이루어짐을 의미한다. 이렇듯 아리스토텔레스에게서 실천지의 적용은 수단에 대한 숙고적 판단 과정에서뿐만 아니라, 그 전제가 되는 목적과도 조화되어 이루어지는 것으로 보는 것이 타당하다.[63] 결국 아리스토텔레스에게서 실천지는 올바르게 설정된 목적의 관점에서 그것을 잘 성취할 수 있는 수단에 대한 실천적 판단 원리라고 말할 수 있다.

아리스토텔레스가 말하는 선한 인간은 바로 이러한 실천적 판단 능력이 되는 프로네시스를 소유한 인간이다. 그래서 아리스토텔레스는 〈선하지 않고는 실천지를 가진 인간이 될 수 없고, 실천지 없이는 선한 인간이 될 수 없다(NE, 1144b30~32)〉고 말한다. 따라서 프로네시스를 소유한 선한 인간은 주어진 명령이 올바른 것인지를 검토하여 그것이 부정의한 경우 명령에 복종하지 않는다. 이런 점에서 선한 인간은 목적 자체에 대한 비판적 검토를 하지 않고 목적을 효율적으로 성취하기 위한 수단에 대해서만 숙고하는 훌륭한 시민과는 다르다. 이것은 참주정과 같은 부정의한 국가에서 선한 인간과 훌륭한 시민은 동일한 인간이 될 수 없음을 의미한다. 선한 인간은 참주의 부정의한 명령에 복종하지 않지만, 훌륭한 시민은 참주의 명령 자체의 정당성에 대한 판단을 수행하지 않고 무조건적인 복종 정신만을 보여 주기 때문이다. 물론 선한 인간은 올바른 국가에서 주어지는 올바른 명령에는 복종한다. 그는 프로네시스적 판단에 근거해 따라야 할 정당성이 있는 명령에는 따르고, 그 반대로 따르지 말아야 할 명령에는 불복종하는 인간이다.

아리스토텔레스적 관점에서 아이히만은 나치 정권하에서 훌륭한 시민일 수는 있어도 결코 선한 인간이 아니다. 그가 만약에 선한 인간이었다면 실천적 판단 원리인 프로네시스를 발휘하여 나치의 명령에 무조건적인 복종적 태도를 보이지 않았을 것이다. 참주정과 같은 극단적인 독재국가하에서도 결코 불의나 악과 타협하지 않는 인간만이 선한 인간이 될 수 있다.

정의로운 인간 안톤 슈미트와 라울 발렌베리

그러면 나치 정권하에서 아이히만과 달리 선한 인간의 모습을 보여 준 사람이 있었을까? 독일군 야전 하사관 안톤 슈미트Anton schmid를 그러한 선한 인간의 전형으로 볼 수 있다. 나치 독재 시절 안톤 슈미트는 폴란드에서 부대 대열에서 이탈한 독일 군인들을 모으는 순찰 임무를 수행했다. 이 일을 하던 중 그는 유대인 지하 요원들을 만나게 되고, 그들에게 위조 서류와 군 트럭을 제공하는 방식을 통해 유대인들을 도왔다. 중요한 점은 안톤 슈미트가 돈을 벌기 위해 그 일을 한 것이 아니라는 것이다. 1941년 10월에서 1942년 3월까지 5개월 동안 이 일을 하다가 안톤 슈미트는 체포되어 처형되었다(EJ, p. 231).

또 한 명의 정의로운 인간이 있다. 2차 세계 대전 말, 주(駐)부다페스트 스웨덴 대사관에서 참사관으로 근무하면서 외교관의 지위를 이용해 약 10만 명의 헝가리 유대인들의 생명을 구한 라울 발렌베리Raoul Wallenberg가 그 주인공이다. 그는 원래 스웨덴의 명문 발렌베리 가문의 일원으로서 독일의 유대인 학살에 저항하기 위해 외교관이 되었다. 그는 유대인들을 위해 임시 보호 여권을 발급해 주면서, 보호 여권 소지자는 귀국을 기다리고 있는 스웨덴 국민이라고 주장했다. 아이히만과 같은 나치 당원들과 지혜롭게 협상함으로써(훗날 전쟁 범죄에 따른 대가를 치를 거라며, 이들의 공포심을 자극하는 식으로) 많은 유대인들이 강제 수용소로 추방되는 걸 막았다. 그는 유대인 대학살에 맞서 싸운 가장 정의로운 사람 중 하나로 평가될 수 있다.[64]

안톤 슈미트와 라울 발렌베리는 나치 정권하의 선한 의인들이다. 그들은 아리스토텔레스가 말한 부정의한 국가하에서도 얼마든지 선하고 정의로운 인간이 존재할 수 있다는 걸 보여 준 산증인이다. 아이히만에게는 부정의한 명령에 대한 복종이 덕이고 불복종이 악이었지만, 안톤 슈미트와 라울 발렌베리에게는 복종이 악이고 저항과 불복종이 선이었던 것이다.

아이히만과 같은 무사유적인 인간에 대한 아렌트의 보고는 과거 나치 정권에만 한정된 이야기일까? 과거 군사 독재정권을 경험한 우리 역사에도 국가에 대한 충성과 반공이란 기치 아래 인권을 유린한 아이히만과 같은 인간들이 존재했음을 부정하기 어렵다. 부정의한 명령에 맹목적으로 복종하면서 비인간적인 악행을 범한 사람이 한둘이었겠는가? 무엇이 옳고 그른지에 대해 사고하고 판단하지 않을 수 있다는 점에서 어쩌면 우리 모두는 잠재적인 아이히만일 것이다.

밀그램의 실험이 말해 주는 것처럼, 극단적인 권위주의 체제하에서 인간은 부정의한 명령에 복종하여 악행을 수행할 수 있는 위험성에 노출되어 있다. 그래서 아렌트는 제2의, 제3의 아이히만이 탄생하지 않기 위한 대안으로 소크라테스적인 사고함과 판단함의 중요성을 강조했다. 특히 정치적 영역에서 공적 이성public reason의 판단 능력을 갖추는 것이 중요하다는 아렌트의 진단은 우리 사회에 더욱 적실성을 갖는다. 달리 말하면 소크라테스적인 사유 활동 또는 아리스토텔레스적인 프로네시스를 발휘하는 삶의 방식을 실천하는 것이다. 올바른 것에는 복종하고 그릇된 것에는 불복종하는 것이며, 무엇이 올바른 것인가를 사유하고 판단하는 것이다. 그럼 그것은 아이히만이 걸어간 길인가 아니면 안톤 슈미트가 선택한 길인가? 우리는 이미 답을 알고 있다.

나가는 글

이 책에서 나의 주된 관심은 개별적인 인간의 판단과 행위를 통해 정의의 문제를 이해하는 것이었다. 추상적이며 이론적인 논의를 통하기보다 구체적인 인간의 선택과 행위에 초점을 맞추어 정의론을 이해해 보자는 것이다. 정의로운 삶과 관련한 현실적인 문제는 스포츠 경기나 교통 신호 체계의 규칙처럼 단일한 원리나 기준에 의해 규정하기 어렵다. 정의의 문제는 다양한 관점이 적용될 수 있고, 그래서 한 행위에 대한 해석과 평가가 얼마든지 다르게 내려질 수 있기 때문이다. 다시 말해 일반화된 도덕률이 어떤 사태에는 명확하게 적용될 수 있지만, 다른 사태에는 불분명하고 애매하게 적용될 수 있고, 모순된 평가가 가능하다. 물론 일반화된 보편적 원칙이나 규칙이 개별적인 사례에 적용될 수 없다거나 불필요하다는 것은 아니다. 중요한 것은 개별적인 사례나 사태는 단선적인 추론이나 사고가 아닌 복합적이며 숙고된 사유가 요구된다는 것이다.

이 책에서 다루었던 홈스나 로저 웻모어 또는 짐의 경우는 바로 이러한 생각을 염두에 두고 소개한 것이다. 어느 원칙이 정의의 관점에서 이들의 행위에 적합한 것으로 적용될 수 있을지는 생각보다 단순한 문제가 아니다. 홈스의 경우는 아무래도 공리주의적인 관점이 중요하게 고려될 수 있을 것이고, 이와 달리 로저 웻모어의 경우에는 의무론적 정의론이 더 우선시되는 것으로 볼 수 있을 것이다. 짐의 선택과 관련해선 공리주의적 원칙과 의무론적 원칙이 각축을 벌인다고 볼 수 있다. 그래서 공리주의적 원칙에 대한 우리의 직관이 과연 짐의 도덕적 자기 충실성의 문제를 극복할 수 있는 도덕적 무게를 가질 수 있는지를 재검토하게 만든다.

개별적인 사례를 통한 우리의 숙고된 판단과 사유 능력의 계발의 중요성과 관련해선 로저 웻모어의 동굴 탐사대 사건이 영미 법철학 수업에서 중요한 자료로 활용되고 있다는 점에서도 알 수 있다. 이 이야기는 20세기 미국의 대표적인 법철학자 론 풀러Lon Fuller 교수가 1949년 자신의 법철학 교재에서 가상적인 상황으로 만들어 소개한 것이다.[65] 풀러 교수가 밝힌 것처럼 로저 웻모어 동굴 탐사대 사건은 내가 이 책에서 다룬 윌리엄 브라운호 침몰 사건과 1884년 해상에서 표류하던 보트 안의 세 명의 선원들이 1명의 소년을 잡아먹는 사건을[66] 종합하여 구성한 이야기다. 풀러 교수의 동굴 탐사대 사건은 이후 많은 반향을 불러일으켰으며, 특히 법철학 수업 방식에 큰 영향을 끼쳤다. 그 주된 이유는 이 수업이 기존 법적 지식의 단순한 이해와 암기가 아닌, 스스로가 사유하고 자신의 의견을 세워 나가는 역량을 갖출 수 있는 철학적 사유함의 방식으로 참여자들을 이끌어 주었기 때문이다.

이런 식으로 나는 정의의 문제를 개별적인 사례를 통해 이해하
고자 했으며, 한편으론 사건 속의 주인공의 행위를 통해 보편적
도덕 이론의 적용 가능성과 그 조화를 모색했다. 이것은 공자의
효자와 소크라테스의 에우튀프론이라는 동서양의 인간을 대비시
켜 과연 효와 정의가 조화될 수 있는지의 검토 작업을 통해서 이
루어졌다. 곧 효와 정의를 이분법적 관점이 아닌 〈도덕적 인간〉의
탄생을 위한 동일한 목표를 공유한 것으로 이해하고, 동서양의 문
화와 가치의 소통 가능성의 차원에서 접근한 것이다.

  거짓말의 문제 역시 정의로운 거짓말의 경우 예외적인 거짓말
로 인정될 수 있는지 살펴보았다. 특히 살인자 앞에서도 진실을
말해야 한다는 엄격한 거짓말 불허용론의 원칙이 나치 대원 앞에
서 진실을 요구받는 네덜란드 주부의 경우에 어떻게 적용되어야
하는지 생각했다. 이것은 기본적으로 밀의 공리주의적 관점에서
예외적으로 허용되는 거짓말 허용론과 칸트의 절대주의 관점에서
의 거짓말 불허용론 입장 사이에서 해결 방안을 모색한 것이었다.
어떤 경우든 애초 칸트의 거짓말 불허용 원칙의 벽을 넘어서기는
논리적으로 불가능하지만, 현실적으로 허용할 수 있는, 그래서 정
의로운 거짓말로 인정할 수 있기 위한 정당성의 최소한의 구성 요
건을 찾고자 했다.

  아이히만이라는 역사상의 한 인물을 통해서는 법과 부정의한
국가의 명령에 대한 복종의 문제를 생각해 보았다. 실상 아이히
만의 복종 행위는 어떻게 보면 우리 모두가 작게는 일상적인 삶에
서, 크게는 국가라는 공동체 차원에서 직간접적으로 직면하는 문

제다. 예컨대 직장으로 가는 출근 시의 교통 법규 준수부터 국회의 의결 법안이나 정부의 법령, 또는 법정 판결에 따른 시민의 법 준수 의무가 여기에 해당할 것이다. 시민의 국가에 대한 충성심과 법 준수가 한 나라의 안정과 발전을 위해 중요한 요소가 된다는 것은 불문가지다. 그러나 국회나 정부에서 의결된 법이나 법정 판결에 대한 의무를 맹목적으로 추종하기 전에 그것이 공동선을 실현하기 위한 국회의원과 정부 관료 그리고 판사들의 진지한 숙고와 토론을 거쳐 나온 것인지 생각해 볼 필요가 있다. 법이 정의와 항상 일치하는 것은 아니기 때문이다.

올바른 공동선의 실현은 시민 각자의 비판적 사유에 근거해야만 가능하다. 아이히만처럼 무사유적인 인간은 부정의한 국가의 훌륭한 시민일 수는 있지만, 그를 정의로운 인간으로는 볼 수 없다. 정의로운 인간은 공동체 구성원들 모두의 행복과 이익을 실현할 수 있는 법이 어떤 것인지 비판적으로 판단할 줄 알아야 한다. 그 후에 그것이 선법(善法)인 경우에 복종하는 것이지, 악법이라도 무조건적으로 복종하는 건 정의로운 인간이 아니다.

정의의 문제에서 고르디우스의 매듭을 풀 수 있는 알렉산더의 칼은 존재하지 않는다. 인간사와 관련된 일은 분명한 정답이 존재하기 어렵기 때문이다. 정의의 기계가 존재하지 않는 한 어떤 행위가 올바르고 누가 정의로운 인간인가에 대한 판단은 매번 우리의 숙고된 판단을 요구한다. 엉킨 실타래 속에 감추어진 실마리를 찾는 것처럼 우리에겐 노력과 인내가 필요하다. 우리가 그런 노력 없이 특정한 정의의 원칙을 무조건적으로 적용한다면, 자칫 보편적 원리가 도덕적 폭군으로 군림하면서 그것을 지지하지 않는 사람들을 도덕적 장님으로 매도하는 문제를 낳을 수 있다.

정의로운 행위는 우리의 행복과 어떤 관계를 맺고 있을까? 우리가 어떤 행위를 하고자 함은 그것이 우리가 바라는 어떤 좋은 것을 가져다주기 때문이다. 다수의 사람들에게 이것은 부와 명예 그리고 권력과 같은 현실적인 좋은 것이 될 것이다. 그럼 이러한 욕망의 대상이 되는 부나 명예, 또는 권력이 실현되지 않는다면 우리가 올바른 행위를 해야 할 이유도 없어지는 걸까?

실상 정의로운 행위는 자신의 이익보다는 손해가 되며, 즐거운 일이라기보다는 수고스럽고 그래서 피하고 싶은 것으로 여겨지곤 한다. 어쩌면 우리가 정의로운 행위를 하는 것은 그것이 즐거워서가 아니라 나중에 결과가 좋아서, 다시 말해 현실적인 보상이 주어지기 때문이 아닐까? 정의보다 부정의함이 부와 권력을 차지하는 데 더 효과적일 수 있다는 지적도 부정하기 어렵다. 이러한 점들은 우리가 왜 굳이 정의로운 인간이 되어야 하는지에 대한 물음을 던진다. 만약 종교를 가진 사람이라면 내세의 천국에서 정의로운 자가 부정의한 자보다 몇 백 배 더 큰 행복을 누릴 수 있을 거라고 응답할 수도 있을 것이다. 하지만 내세를 믿지 않는 경우라면 그 합당한 이유를 어디에서 찾을 수 있을까? 솔직히 이에 대한 명확하면서도 간단한 답을 제시하기는 어렵다.

그런데 아리스토텔레스에 따르면 정의를 사랑하여 정의를 행하는 것이 즐거운 사람이 있다.[67] 마치 말을 사랑하는 애마가가 말 타는 것을 즐기듯, 고귀함과 숭고함을 사랑하는 사람은 정의로운 일을 행하는 것 자체가 즐겁고 행복하다는 것이다. 비단 아리스토텔레스만 이렇게 말한 것이 아니다. 스승 플라톤도 정의는 그 자체로 좋음의 가치를 갖는다고 말한다. 몸이 건강한 사람이 행복한 것처럼, 정의는 영혼을 건강하게 함으로써 한 인간의 행복을 실현해 준다는 것이다. 부정의한 행위를 통해서건 올바른 행위를 통해서건 부정의한 자 역시 자신의 이익과 행복을 실현할 수 있다. 하지만 그것은 어디까지나 수단적인 의미만을 갖는다. 부정의한 자의 올바른 행위는 부나 명예 또는 권력을 성취하기 위한 수단으로 행해지는 것이다. 이런 점에서 정의로운 자와 부정의한 자의 정의에 대한 욕구와 판단은 근본적으로 다르다. 전자는 정의 자체의 가치를 인정하고 그것을 즐겁게 행하지만, 후자는 정의를 수단으로만 간주하고 행함 속에서의 기쁨을 결여하고 있다.

나는 정의로운 자와 부정의한 자 사이의 중요한 차이가 〈인간성humanness〉의 유무에 있다고 생각한다. 정의가 바로 인간됨의 증표가 되는 것이다. 왜 정의로워야 하는가에 대한 답은, 정의가 곧 인간이 짐승과 같은 야만인으로 전락하지 않을 수 있는 인간됨의 보루라는 데 있다. 정의는 인간 본성에 내재된 덕이자 가치이며, 그것의 발휘를 통해서 인간은 비로소 진정한 인간이 될 수 있기 때문이다.

주

1 샌델 교수를 둘러싸고 국내에서 다양한 비판이 제기된 것으로 안다. 나 역시 그의 공동체 지향적인 정의론과 같은 몇 가지 관점에 대해 불만이 없는 것은 아니다. 그렇다고 그가 한국 사회에 준 긍정적인 측면을 부정하기는 어렵다. 무엇보다 한국의 시민들에게 정의에 대한 관심을 높여줌으로써 정의에 관한 담론 형성과 그 실천적 열망의 메시지를 대자화하는 데 기여한 점은 인정해 줄 필요가 있다.

2 S. Smiles, *Self-Helf with Illustrations of Conduct and Perseverance* (London, 1908), pp. 476~477. 또는 『자조론』, 남용우 옮김(을유문화사, 1994), 329~ 330면.

3 윌리엄 브라운호 침몰 사건의 이해를 위해 참고한 자료는 다음과 같다. T. Koch, *The Wreck of the William Brown*(International Marine/McGraw-Hill, 2004); F. C. Hicks, H. Jettison, *A Sea Tale from the Law*(West Publishing Company, 1927); H. A. Bedau, *Making Mortal Choices*(Oxford Univ. Press, 1997); A. W. Brian Simpson, *Cannibalism and the Common Law*(Chicago Univ. Press, 1984), pp. 161~194; L. Katz, *Bad Acts and Guilty Minds*(Chicago Univ. Press, 1987), pp. 17~52.

4 2명의 여자 승객도 익사했는데, 이들은 자신들의 오빠를 구하려고 바다로 뛰어들었다.

5   L. Katz, *Bad Acts and Guilty Minds*(Chicago Univ. Press, 1987), p. 13.

6   칸트 도덕 원리의 핵심은 정언명법kategorischer imperativ이다. 정언명
    법은 행동 준칙의 보편화로 표현되는데 〈너의 의지의 준칙이 항상 동시
    에 보편적 입법의 원리로서 타당하도록 행위하라〉는 것이다. 이러한 행
    동 준칙의 보편화는 곧 인간을 목적성의 관점에서 대우해야 한다는 의미
    다. 즉 〈너는 인간성을 너의 인격에서나 다른 모든 사람의 인격에서나 결
    코 수단으로만 사용하지 말고 언제나 동시에 목적으로 사용하도록 행위
    하라〉는 것이다. 따라서 칸트의 도덕 원리에 따르면 인격체로서의 한 인
    간은 어떤 경우에도 자신과 타인을 수단으로 이용해서는 안 된다.

7   희랍어 aporia는 부정어 접두사 a와 길의 전진을 의미하는 poria의 합성
    어다. 즉 길이 막혀 난관에 처한 상태를 의미하는 것으로 문제가 발생할
    때 느끼게 되는 〈당혹함〉의 상태다. 소크라테스는 자신의 대화술을 통
    해 대화 상대자로 하여금 자신이 실상 모르고 있음을 자각하도록 계속
    적인 질문을 던져 아포리아 상태로 몰아넣는다. 이렇게 함으로써 비로소
    참된 진리에의 배움이 가능하다고 보았기 때문이다. 아리스토텔레스 역
    시 아포리아를 진리를 향한 중요한 탐구 과정의 한 단계로 강조한다.

8   홉스 재판에 관한 자료는 다음 사이트를 참조할 것. https://en.wikipedia.
    org/wiki/William_Brown_(ship)

9   스펠룽커 동굴 탐사대에 관한 이야기는 론 풀러가 「The Case of the
    Speluncean Explorers」라는 제목으로 *The Harvard Law Review*, vol.62
    (1949), pp. 616~645에 수록한 글이다. 여기서는 Peter Suber, *The Case
    of the Speluncean Explorers*(London: Routledge, 1998); H. A. Bedau,
    Making Mortal Choices(Oxford Univ. Press, 1997), pp. 41~68; L.
    Katz, *Bad Acts and Guilty Minds*(Chicago Univ. Press, 1987), pp. 8~
    16를 참조했다.

10 T. Hobbes, *Leviathan*, Edited by R. Tuck(Cambridge Univ. Press, 1991),
    p. 124.

11 J. Locke, *The Second Treatise of Government*, Edited by P. Laslett
    (Cambridge Univ. Press, 1967), §87, §4, §6.

12 위의 책, §135, §4, §104, §119, §22.

13 Philippa Foot, *Virtues and Vices and Other Essays in Moral Philosophy* (Berkeley and Los Angeles: California Univ. Press, 1978), pp. 19~ 32를 참조할 것.

14 제임스 레이첼즈, 『도덕 철학의 기초』, 노혜련·김기덕 옮김(나눔의 집, 2013), 221~225면.

15 B. Williams, *"A Critique of Utilitarianism" in Utilitarianism for & against* (Cambridge Univ. Press, 1973), pp. 93~118; M. Hollis, "Jim and the Indians", *Analysis* 43(1983), pp. 36~39를 참조할 것.

16 B. Williams, 앞의 책, pp. 98~99.

17 웹스터 사전에 따르면 인테그리티integrity는 완전한 상태, 부서지지 않은 상태, 또는 손상되지 않은 상태를 가리킨다. 이것은 또한 강직함이나 정직 또는 성실성을 가리키는 도덕적 원칙을 의미한다. 인테그리티는 국내에서도 다양하게 번역되어 사용되고 있는데, 자기 충실성, 온전성 또는 자아 통합이 그것이다. 이 책에서는 인테그리티를 〈자기 충실성〉으로 번역하거나 음역한 〈인테그리티〉를 같이 사용할 것이다.

18 Aristoteles, *Ethica Nicomachea*, III.1110a4~26.

19 이중 결과 원리에 관한 논의는 토마스 아퀴나스의 『신학대전*Summa Theologiae*』 IIa-IIae 64번 문제 7항과 필리파 풋Philippa Foot의 논문 "The Problem of Abortion and the Doctrine of the Double Effect", *Oxford Review*, vol.5(1967) 또는 *Virtues and Vices and Other Essays in Moral Philosophy*(Berkeley and Los Angeles: California Univ. Press, 1978), pp. 19~32을 참조할 것. 이중 결과 원리의 허용 가능성에 관한 상세한 논의는 T. M. 스캔런, 『도덕의 차원들』, 성창원 옮김(서광사, 2012)을 참조할 것.

20 도덕은행 계좌는 도덕적으로 선한 행위를 하면 그에 상응하는 일종의 점수가 주어지고, 그것이 일정한 수준에 이르면 현실에서 쓸 수 있도록 한 것이다.

21 윌리엄스에 따르면, 짐이 자신의 인테그리티에 따라 한 명을 죽이라는 요청을 거부한 행위를 공리주의자들이 비판하는 것처럼 단순히 개인의 오만함에서 비롯한 도덕적 결벽증으로 간주해서는 안 된다. 〈자기 함몰

적 결벽〉은 단순히 자신의 신념에 반하는 것을 행하는 것에 대한 부정적 감정이 아니라 자신의 인테그리티를 침해하는 것에 대한 도덕적인 거부 반응이기 때문이다.

22 트롤리 문제를 처음 고안한 학자는 필리파 풋이다. 그녀가 가정한 사고 실험은 브레이크가 듣지 않는 전차 앞 주선로에 5명이 서 있고, 지선에는 1명이 있는 경우다. 곧 브레이크가 고장 난 전차의 기관사가 지선으로 선로를 변경하여 5명 대신 1명을 죽여야 하는지를 묻는 물음이다. 이후에 주디스 자비스 톰슨Judith Jarvis Thomson에 의해 지나가던 행인이 선로 변경기를 잡아당기는 버전으로 만들어진다. 여기서는 톰슨의 버전을 갖고 이야기를 전개했다("The Trolley Problem", *Yale Law Journal*(1985)).

23 Philippa Foot, 앞의 책(1978), pp. 19~32를 참조할 것.

24 이와 관련해서는 김경일, 『공자가 죽어야 나라가 산다』(바다출판사, 2005)를 참조할 것.

25 플라톤, 『에우튀프론』, 2b~4d.

26 미필적고의라고 한 이유는 에우튀프론의 아버지가 노예를 죽인 노동자를 의도적으로 죽이려고 웅덩이에 가둔 것은 아니기 때문이다. 에우튀프론의 아버지는 노동자의 살해 행위를 어떻게 처리해야 될지 법률적 자문을 구하기 위해 아테네로 사자(使者)를 보냈고, 그 결과를 기다리던 와중에 노동자가 죽은 것이다.

27 미아즈마의 도덕적 오염의 의미를 이해할 수 있는 대표 작품으로 소포클레스의 『오이디푸스 왕*Oidipous Tyrannos*』을 들 수 있다(22~30행). 여기서 오이디푸스 왕은 테베에 불어닥친 재앙의 원인을 아폴론 신에게 묻기 위해 처남 클레온을 아폴론 신탁소로 보낸다. 돌아온 클레온은 전(前)왕 라이오스의 살해범을 찾아내 처벌해야만 테베에 번지고 있는 오염이 정화될 수 있다는 신탁을 전한다. 즉 살해범을 찾아내 추방하든지 아니면 살해범의 피로 피살자의 피를 씻어 줘야 한다는 것이다. 이에 관한 논의는 D. M. MacDowell, *The Law in Classical Athens*(London: Cornell Univ. Press, 1978), p. 110, 또는 권창은, "소크라테스와 악법", 『희랍철학의 이론과 실천』(고려대학교 출판부, 2004), 183~185면을 참

조할 것.

28 플라톤, 『크리톤』. 의인화된 법과의 논쟁에서 법이 소크라테스로 하여금 탈출하는 것이 부정의한 행위임을 주장하는 논거는 크게 세 가지다. 위약설, 파괴설 그리고 불경설이 그것이다. 이에 관한 상세한 논의는, 권창은, 위의 책, 199~267면을 참조할 것.

29 희랍어 archē는 시원, 원리, 근원, 통치와 같은 다양한 의미를 갖는다. 특히 소크라테스 이전 자연철학자들, 그중에서도 밀레토스 학파에 속하는 탈레스나 아낙시만드로스 그리고 아낙시메네스와 같은 철학자들이 관심을 가진 개념이다. 여기서는 근본이 되는 원리의 의미로 생각하면 된다.

30 에드워드 사이드, 『오리엔탈리즘』, 박홍규 옮김(교보문고, 1978). 특히 13~98면을 참조할 것.

31 제리미 블랙, 『역사를 바꾼 위대한 장군들』, 박수철 옮김(21세기북스, 2009), p. 226 이하 계속 참조.

32 정의보다 효를 우선시한 경우는 보스턴대학교 총장을 지낸 윌리엄 벌저와 범죄 조직의 우두머리였던 그의 형 제임스 벌저를 들 수 있다. 이와 관련해선 마이클 샌델, 『정의란 무엇인가』(김영사, 2010), 330~331면을 참조할 것.

33 플라톤, 『프로타고라스』, 322c~d.

34 아리스토텔레스, 『정치학』, 1253a2.

35 먼저 아리스토텔레스에 따르면 인간은 남성과 여성 그리고 주인과 노예의 자연적인 결합에 의해 제일 먼저 오이코스oikos, 즉 가족을 형성한다. 그러나 가족은 일시적인 필요성만을 충족시키는 한계를 갖고 있기 때문에, 좀 더 지속적인 필요성을 충족시켜 줄 수 있는 다음 단계인 마을로 이행하게 된다. 문제는 가족과 마을 역시 인간의 윤리적인 〈잘 삶eu zēn〉을 실현해 주는 공동체는 될 수 없다는 것이다. 결국 아리스토텔레스에 따르면 인간의 〈자족적인 행복autarkes pros eu zēn〉, 즉 윤리적인 삶은 공동체 진행의 마지막 단계인 폴리스에 도달해야만 가능하다. 〈인간은 본성적으로 폴리스적 동물이다ho anthropos physei politikon zōon〉라는 그의 유명한 명제는 바로 여기에 근거한다.

36 아리스토텔레스가 가족의 역할과 그 중요성을 부정하는 것은 아니다.

가족은 공적 영역으로 진출하기 이전의 시민 교육을 위한 예비적 장이면서 무엇보다 자식을 출산하는 중요한 역할을 맡고 있기 때문이다.

37 불효자 방지법은 크게 둘로 구성되어 있다. 부모가 생전에 자식에게 대부분의 재산을 증여해 스스로 생계를 유지하기 힘든 상황에서 재산을 증여받은 자녀가 부모를 봉양하지 않을 때 이를 환수할 수 있도록 하는 내용의 민법 개정안, 자녀가 부모를 폭행하는 존속 폭행에 대해서는 친고죄와 반(反)의사불벌죄를 적용하지 않는다는 내용의 형법 개정안이 그것이다.

38 일설에 의하면 거짓말쟁이의 역설을 말했다고 하는 크레타 시인 에피메니데스는 이 역설을 풀려고 씨름하다가 바람이 불면 날라 갈 정도로 말랐다고 한다. 그래서 바람에 날아가지 않기 위해 신발 안에다 돌덩이를 넣고 다녔다는 이야기가 전해진다.

39 예를 들어 〈거짓말〉이라는 언어language와 〈어떤 거짓말이 거짓말임〉을 보이는 언어의 언어meta-language를 분별하지 못하는 데서 역설이 생긴다고도 한다. 거짓말쟁이 역설을 풀려는 현대 철학자들의 다양한 시도에 관해서는 이운형, 『거짓말쟁이 역설』(한국학술정보, 2006)을 참조할 것.

40 이언 레슬리, 『타고난 거짓말쟁이』, 김진욱 옮김(북로드, 2012), 135~143면.

41 거짓말을 하지 않으면서 단지 주어진 상황에서 오도하는 말을 통해 위기나 난감한 상황을 모면하는 경우는 일상적인 삶에서도 얼마든지 있다. 어느 집에 초대를 받아서 음식을 먹었는데 맛이 너무 형편없을 경우 집주인의 성의를 생각해서 에둘러 말하는 경우가 그것이다. 생일 선물로 받은 넥타이 색이 마음에 들지 않았을 때 〈이런 넥타이는 처음 매어 보게 될 것 같아〉라는 말 역시 오도하는 말에 해당할 것이다.

42 A. MacIntyre, *Truthfulness, Lies, and Moral Philosophers: What Can We Learn from Mill and Kant?*(Princeton Univ. press, 1994), pp. 351~352. 네덜란드 주부의 예는 원래 K. E. Løgstrup, *The Ethical Demand* (Notre Dame Univ. Press, 1997)에서 인용한 것이다.

43 이 영화는 또한 우리가 알고 있는 숭고하고 위대한 진실이 어쩌면 정치인이나 종교가에 의해 조작되었을지도 모른다는 생각을 갖게 한다. 한

편으론 좋은 거짓말이 필요하지만, 다른 한편으론 진실로 알고 있던 가 치나 진리가 실은 거짓말에 의한 허구라는 생각도 들게 하는 것이다.

44 실상 공리주의적 원리에 근거한 거짓말이 단적으로 부정의한 것으로 보 기는 어렵다. 오디세우스가 거짓말을 통해 얻고자 하는 것은 무엇보다 그리스군의 승리이며, 이것은 공동체 전체의 행복을 실현하고자 한다 는 점에서 그 의미가 평가 절하될 수 없다. 이런 점에서 필록테테스는 반 (反)폴리스적 동물로서 오디세우스가 보여주는 공동선에 대한 의식이 없다. 그에게 중요한 것은 개인적인 차원에서의 시정적(是正的) 내지 응 징적 정의지 그리스군 전체의 이익을 고려한 정의는 아니기 때문이다.

45 자기 충실성이란 자신이 믿고 있는 신념과 중요시하는 가치를 최우선으 로 하여, 자신의 행동이 이에 부합하도록 하는 노력을 뜻한다. 이는 자신 의 신념과 가치관이 변하지 않는 한 외부의 압력에도 굴하지 않고 그 신 념을 지켜 나가는 것으로 해석할 수 있다.

46 인테그리티에 관한 상세한 논의는 한곽희, "자기 충실성integrity과 전 심성wholeheartedness", 『철학』, 116(2013), 149~175면과 같은 저자의 "자기 충실성과 악한 목표 그리고 무지", 『철학연구』, 101(2013), 139~ 161면을 참조할 것.

47 오디세우스는 끝에서 결정적인 실수를 하게 된다. 그것은 필록테테스 가 갖고 있는 활만 얻으면 되는 것으로 생각한 것이다. 그러나 예언은 활 의 소유자인 필록테테스가 필히 트로이로 함께 와야 하는 것이었다. 거 짓말을 해서 활을 얻을 수는 있지만 필록테테스가 없는 활은 절반의 성 공에 그치는 것이다. 〈이 사람(필록테테스) 없이 출항한다면, 이 활을 노 획해도 허사임을 나는 알고 있네. 승리의 영광은 그의 것이네. 그를 데 려오라고 신께서 명령하셨네. 거짓으로 얻은 불완전한 성공은 치욕이네 (839~842).〉

48 한나 아렌트, "정치에서의 거짓말", 『공화국의 위기』, 김선욱 옮김(한길 사, 2011), 33~85면을 참조할 것.

49 H. Arendt, "Lying in Politics", p. 6. 아렌트에 따르면 사실적 진리는 일 종의 경험적 진리로서 〈2+2=4〉라는 개념적 진리 내지 이성적 진리하고 는 다르다. 개념적 진리는 필연적인 것으로서 우리가 따라야만 하는 강

제성을 갖는다. 그러나 사실적 진리는 강제적으로 참인 것은 아니다. 아렌트에 따르면 그렇기 때문에 사실적 진리에 기반하고 있는 인간의 삶은 너무나 취약하다. 단순한 거짓말에 의해 구멍 날 위험이 있기 때문이다. 집단이나 국가 또는 계급의 조직적 거짓에 의해 산산이 조각날 수도 있고, 거짓에 의해 조심스럽게 위장됨으로써 부정되거나 훼손될 수 있기 때문이다. 〈2+2=4〉와 같은 이성적 진리가 어떤 공격으로부터도 안전하고 잘 방어될 수 있음에 반해 사실적 진리는 거짓말로부터 결코 안전하거나 견고하지 못하다.

50 아렌트는 이러한 자기기만에 빠진 정치인을 옆에서 도와주는 일군의 부류로 정치 분석가 내지 전문가를 예로 든다. 이들은 정치인들의 거짓말을 정당화시킬 수 있는 이론을 만들고 사실들을 거기에 맞추는 데 도움을 준다. 모델을 세우고 거기에 맞지 않는 사실들은 대체하거나 무시한다.

51 정치인의 거짓말 못지않게 그 폐해가 큰 것이 사업가나 경제인의 거짓말일 것이다. 최근에 독일 자동차 회사 폴크스바겐의 디젤 차량 배출 가스 조작 사건으로 세계가 시끄럽다. 고객에 대한 완벽한 신뢰와 정직을 브랜드 가치로 삼았던 회사였기 때문에 그 속임수가 세계인에게 더 큰 실망으로 다가온 것으로 생각된다.

52 홀로코스트Holocaust라는 말은 원래 희랍어 ὁλόκαυστος에서 온 말이다. 즉 〈모두〉라는 holos와 〈태우는〉이라는 kaustos의 결합어다.

53 귀도 크놉, 『나는 히틀러를 믿었다: 히틀러의 조력자들』, 신철식 옮김(울력, 2011), 29~104면.

54 Hannah Arendt, *Eichmann in Jerusalem: A Report on the Banality of Evil*(Penguin Classics, 1994), p. 114. 본디오 빌라도는 예수 활동 시절 유대인 지역을 다스리던 로마의 총독이다.

55 S. 밀그램, 『권위에 대한 복종』, 정태연 옮김(에코리브르, 2009); Christopher R. Browning, *Ordinary Men: Reserve Police Battalion 101 and the Final Solution in Poland*(Harper Perennial, 1992), 또는 이 책의 한국어 번역판인 『아주 평범한 사람들: 101 예비 경찰 대대와 유대인 학살』, 이진모 옮김(책과함께, 2010), 259면을 참조할 것.

56 S. 밀그램, 위의 책, 30~31면.

57 아렌트의 소크라테스에 관한 논의는 *The Life of the Mind*, vol.1,
Thinking (Hartcourt, Inc., 1978); "Thinking and Moral Considerations:
A Lecture", *Social Research*, 38/3(1971), pp. 417~446; "Philosophy
and Politics", *Social Research*, 57/1(1990), pp. 73~103를 참조했음. 한
나 아렌트, 『정신의 삶』 1, 홍원표 옮김(푸른숲, 2004), 3장을 참조할 것.

58 플라톤, 『테아이테토스』, 189e~190a.

59 소크라테스적 문답법dialektikē은 먼저 에이로네이아eironeia를 통해 진행
된다. 에이로네이아는 일종의 가장된 무지로서 대화자를 대화에 참여하
기 위한 소크라테스적 방법이다. 엘렝코스elenchos는 대화 상대방이 제
시한 답변을 검토해서 논박하는 대화 방법이다. 이렇게 해서 대화 상대
방이 알고 있는 것으로 생각했던 것이 참된 진리가 아님을 깨닫게 해주
는 것이다. 즉 무지를 자각하게 해주는 것이다.

60 플라톤, 『테아이테토스』, 173d.

61 에우리피데스의 『알크마이온*Alkmaion*』이라는 작품은 전해지지 않는다.
고대 주석가들에 따르면, 알크마이온의 아버지인 암피아라오스는 부인
에리필레의 강요에 의해 뜻하지 않게 테베로 출정하는 7인의 원정대에
참여하게 된다. 원정 도중 자신이 죽을 것임을 예감한 암피아라오스는
아들 알크마이온에게 자신의 부인(곧 알크마이온의 어머니)을 죽여 복
수해 달라고 명령한다. 만약에 알크마이온이 자신의 명령에 불복종하여
어머니를 죽이지 않으면 기근이 닥쳐 후손이 없게 될 것이라고 저주한
다. 아리스토텔레스는 비록 알크마이온이 명령을 따르지 않으면 중대한
결과에 직면할 거라는 사실을 알고 있더라도 어머니 살해 행위를 상황
탓으로만 돌려 정당화할 수는 없다고 본다. 강요된 상황 속에서도 어머
니를 살해하지 않을 선택권은 알크마이온 그 자신에게 있는 것으로 보
기 때문이다. 알크마이온에 대한 언급은 *Ethica Nicomachea*, 1136a13에
서도 발견된다.

62 〈훌륭한 시민〉은 ho spoudaios politēs로 표현되며, 이는 영어로 excellent
citizen으로 번역된다. 〈선한 인간〉은 ho agathos anēr, 영어 번역은 good
man이다.

63 실천지가 목적에 대한 반성적 판단까지 포함하는가는 실상 논란의 여지

가 있다. 목적을 향한 것들, 즉 수단에 대한 숙고적 판단에만 실천지의 역할이 제한되어야 한다는 학자들의 주장이 강하게 제기되고 있기 때문이다. 나는 실천지의 역할을 수단에 대한 숙고에만 한정하는 것은 아리스토텔레스의 실천지에 대한 정확한 이해가 아니라고 생각한다. 의사의 경우 환자를 치료할 것인가 말 것인가 하고 치료의 목적에 대해서 숙고하고 판단할 필요는 없다. 환자의 건강이라는 목적은 당연히 전제된 것이기 때문이다. 의사는 어떤 방법을 통해 치료할 것인지 수단에 대해서만 숙고하면 되는 것이다. 그러나 인간의 실천과 관련된 선택과 결정에서 목적은 단순히 주어진 것으로서 고정된 것이 아니다. 그것은 목적을 실현하기 위한 구체적인 수단을 선택할 때 항상 조회되어야 할 행동의 제1원리가 된다. 더욱이 수단에만 몰입된 숙고는 정작 궁극적으로 실현하고자 하는 목적이 무엇인지를 간과함으로써 그릇된 행동으로 나타날 수 있다. 실천지의 목적에 대한 반성적 사고나 숙고의 포함 여부와 관련된 논의는 차후의 연구 과제로 남긴다.

64 라울 발렌베리에 대한 이야기는 위키피디아를 참조했음. 이후 그는 소련 군대에 체포되어 안타깝게도 생사가 불분명하다. 스티븐 스필버그 감독이 연출한 「쉰들러 리스트Schindler's List」의 오스카 쉰들러Oscar Schindler 역시 나치 정권하에서 선한 인간의 행동을 보여 준 인물이다. 쉰들러는 독일인이었지만 전 재산을 바쳐 아우슈비츠로 보내질 유대인들 중 1,200명을 나치로부터 구했다.

65 Lon L. Fuller, *The problems of jurisprudence*(Brooklyn: Foundation Press, 1949).

66 Queen v. Dudley and Stephens, *14 Queen's Bench Division 273*(9 December 1884); A. W. Brian, *Cannibalism and the Common Law* (Chicago Univ. Press, 1984).

67 Aristoteles, *Ethica Nicomachea*, 1099a10ff.

참고 문헌

권창은, 「소크라테스와 악법」, 『희랍철학의 이론과 실천』(고려대학교 출판
부, 2004).

손병석, 『고대 희랍 로마의 분노론』, 바다출판사, 2013.

이운형, 『거짓말쟁이 역설』, 한국학술정보, 2006.

한곽희, 「자기충실성integrity과 전심성wholeheartedness」, 『철학』, 116(2013),
149~175면.

레슬리, 이언, 『타고난 거짓말쟁이』, 김진욱 옮김(북로드, 2012).

레이첼즈, 제임스, 『도덕 철학의 기초』, 노혜련·김기덕 옮김(나눔의 집,
2013).

밀그램, S., 『권위에 대한 복종』, 정태연 옮김(에코리브르, 2009).

사이드, 에드워드 W., 『오리엔탈리즘』, 박홍규 옮김(교보문고, 1978).

샌델, 마이클, 『정의란 무엇인가』, 김명철 옮김(김영사, 2010).

스캔런, T. M., 『도덕의 차원들』, 성창원 옮김(서광사, 2012).

크놉, 귀도, 『나는 히틀러를 믿었다: 히틀러의 조력자들』, 신철식 옮김(울력,
2011).

플라톤, 『에우튀프론』

_____. 『테아이테토스』

_____. 『프로타고라스』

Aristoteles, *Ethica Nicomachea*.

_____. *Politika*.

Arendt, Hannah, *Eichmann in Jerusalem: A Report on the Banality of Evil* (Penguin Classics, 1994).

_____. 『예루살렘의 아이히만』, 김선욱 옮김(한길사, 2006).

_____. *The Life of the Mind*, vol.1(Hartcourt, Inc., 1978).

_____. 『정신의 삶』 1, 홍원표 옮김(푸른숲, 2004).

_____. "Thinking and Moral Considerations: A Lecture", *Social Research*, 38/3 (1971), pp. 417~446.

_____. "Philosophy and Politics", *Social Research*, 57/1(1990), pp. 73~103.

_____. 「정치에서의 거짓말」, 『공화국의 위기』, 김선욱 옮김(한길사, 2011), 33~85면.

_____. 「자기 충실성integrity과 악한 목표 그리고 무지」, 『철학연구』 101 (2013), 139~161면.

Bedau, H. A., *Making Mortal Choices*(Oxford Univ. Press, 1997).

Browning, Christopher R., *Ordinary Men: Reserve Police Battalion 101 and the Final Solution in Poland*(Harper Perennial, 1992).

_____. 『아주 평범한 사람들: 101 예비 경찰 대대와 유대인 학살』, 이진모 옮김(책과함께, 2010).

Fuller, Lon L., "The Case of the Speluncean Explorers", *The Harvard Law Review*, vol.62(1949), pp. 616~645.

Foot, Philippa, "The Problem of Abortion and the Doctrine of the Double Effect", *Oxford Review*, vol.5(1967).

_____. *Virtues and Vices and Other Essays in Moral Philosophy*(Berkeley and Los Angeles: California Univ. Press, 1978).

Hicks, F. C., Jettison, H., *A Sea Tale from the Law*(West Publishing Company, 1927).

Hobbes, T., *Leviathan*, Edited by R. Tuck(Cambridge Univ. Press, 1991).

Hollis, M., "Jim and the Indians", *Analysis*, 43(1983), pp. 36~39.

Katz, L., *Bad Acts and Guilty Minds*(Chicago Univ. Press, 1987).

Koch, T., *The Wreck of the William Brown*(International Marine/McGraw-Hill, 2004).

Locke, J., *The Second Treatise of Government*, Edited by P. Laslett (Cambridge Univ. Press, 1967).

Løgstrup, K. E., *The Ethical Demand*(Notre Dame Univ. Press, 1997).

MacDowell, D. M., *The Law in Classical Athens*(London: Cornell Univ. Press, 1978).

MacIntyre, A., *Truthfulness, Lies, and Moral Philosophers*(Princeton Univ. Press, 1994).

Smiles, S., *Self-Helf: with Illustrations of Conduct and Perseverance*(London, 1908).

_____. 『자조론』, 남용우 옮김(을유문화사, 1994).

Simpson, A. W. Brian, *Cannibalism and the Common Law*(Chicago Univ. Press, 1984).

Suber, Peter, *The Case of the Speluncean Explorers*(London: Routledge, 1998).

Thomson, Judith Jarvis, "The Trolley Problem", *Yale Law Journal*(1985).

Williams, B., "A Critique of utilitarianism" in *Utilitarianism for & against* (Cambridge Univ. Press, 1973), pp. 93~118.

찾아보기